星火文化

奧斯威辛的花冠

納粹集中營的聖國柏神父小傳

許書寧／著

CONTENTS 目錄

推薦序一
殉道——精修的果實

林思川神父　方濟會士

在所有基督信仰教派中，天主教有特別尊敬聖人的傳統，目的並非增加聖人的光榮，而更是激發向聖人學習，並倚靠聖人在天主座前的代禱。歷史中被教會公開封聖的聖人極多，可惜我們對聖人的認識卻極少。一方面可能是因為絕大多數聖人的生活時空距我們今日年代相當久遠；另一方面也可能由於介紹聖人的中文資料太少。因此，若有機會用中文閱讀幾乎與我們同時代的聖人故事，實在值得珍惜與推介。

聖國柏（St. Maximilian Maria Kolbe, OFM Conv.）就是這樣的一位聖人。一八九四年一月八日生於波蘭的 Zduńska Wola，取名 Raymund Kolbe，一九一〇年進入住院派方濟會（Conventual Franciscan），選擇會名為 Maximilian Kolbe，一九一四年宣發終身聖願，並再增加 Maria 於名中，成為 Br. Maximilian

Maria Kolbe, OFM Conv.。

二次大戰期間，他和幾位弟兄留在波蘭修道院中，籌組了臨時醫院。不幸於一九三九年九月十九日被德軍逮捕，曾短暫被釋放而得以返回修院。但由於拒絕簽署 Deutsche Volksliste（就是宣告自己具有德國血統，藉以換取類似德國公民權的身分），且多次在所出版的《聖母騎士》刊物中批評納粹。

一九四一年二月十七日修道院被德軍關閉，Kolbe 神父和四位弟兄一起被蓋世太保逮捕，投入巴維亞（Pawiak）監獄，五月二十八日被移入奧斯威辛（Auschwitz）集中營，從此失去名字，而成為編號 16670 的囚犯。同年七月三十一日，有人從集中營逃脫，憤怒的集中營指揮官 Karl Fritzsch 任意選擇了十人處以極刑，此時，這個編號 16670 的囚犯，靜靜地從行列中走出，要求代替其中一位接受這殘暴的處決，而和另外九位被投入餓死牢中。八月十四日被注射石碳酸針劑而辭世，遺體於隔日——聖母蒙召升天瞻禮——被火化。

戰後人們聽聞這個事蹟，莫不感動稱奇，這位失去姓名的 16670 號重新獲得更珍貴的名號：一九五五年五月十二日教宗碧岳十二宣告他為「天主忠僕」，教宗保祿六世於一九六九年一月三十日宣告他為「可敬者」，再於一九七一年十月十七日將他列入「真福」品級，教宗若望保祿二世於一九八二年十月十日將他列入「聖人」品級，成為 St. Maximilian Maria Kolbe, OFM Conv.。

在整個封聖的過程中，有一個特別值得注意的細節：保祿六世教宗宣告國柏神父為「真福」時，是將他列入「精修」類（Confessor of the Faith），當時整個禮儀的顏色是白色；而當教宗若望保祿二世為他宣聖時，則尊敬他為「殉道」聖人（Martyr），當時教宗舉行禮儀所穿著的禮服則為紅色。這在天主教聖人歷史中，若非獨一無二、也絕對是極為罕見的例子。不過，凡讀過聖人故事的人卻都能領會，這是聖人一個神祕經驗達於圓滿的證據——他幼年時曾從聖母瑪利亞手中得到紅、白兩頂冠冕（參閱：本書23–25頁）。

敝人有幸，忝為方濟會士，自入會初期就讀過一些聖國柏的故事，在德國求學期間，還在住院派方濟會的會院借住五年，結識過多位來自波蘭的弟兄們，後來又由於服務朝聖團，多次造訪聖國柏曾在長崎生活工作之處，因而有許多機會接觸與反省他的故事，當然也常常分享自己的一些相關感受。其中最常碰到的回應是：聖國柏在集中營中代人受死，這是多麼困難的決定？人怎麼可能做到這種地步？

這紅、白兩頂冠冕應該就是答案。雖然教會實際上很少同時把「精修」與「殉道」兩頂冠冕加在同一聖人身上，但「殉道」最根本的意義其實就是「為信仰作證」，「殉道」一字的希臘原文本來的意義就是「見證」。因此，每位聖人其實同時都是精修與殉道者，他們一生努力修道，把自己的信仰實踐在每個生活情境中，經由不斷地磨練成長（精修），他們的生命自然成為信仰見證（殉道）。殉道就是精修的目的與果實。

聖國柏一生追隨聖方濟的神恩，操練愛天主愛人的信仰，因而在一九四一年七月三十一日那個當下，這位16670號囚犯從行列中走了出來，幾乎是自然而然的，充滿喜悅的，因為他一生渴望的兩頂冠冕，就在眼前！但願我們閱讀聖人傳記，能夠得到激勵而勉力精修信仰，能夠「以揭開的臉面反映主的光榮」（《格林多人後書》三：18）。

作者簡介：林思川神父多年來帶領天主教教友前往耶穌撒冷聖地、聖方濟故鄉義大利亞西西、日本殉道聖人朝聖地朝聖。行前與朝聖途中培育朝聖者讀《聖經》與靈修，受惠者多不勝數。

推薦序二
寫給台灣讀者

二〇二三年六月二十九日
聖母騎士修道院院長／
《聖母騎士》月刊總編輯
洗者若翰　山口雅稔神父

欣聞繪本作家許書寧老師即將於台灣出版聖國柏神父傳記，實感歡喜。

一九三〇年四月二十四日，聖國柏於日本長崎開始了亞洲福傳工作。當時，絕大多數的亞洲人還不認識天父、耶穌與聖神，對於天主教教理也一無所知。國柏神父得知後，心中燃起了熊熊烈焰，渴望藉由無玷聖母的援助，將全亞洲生靈帶向耶穌聖心之愛。他一面將人口眾多的華文福傳領域納入視野，一面開始在長崎宣揚福音。這回，第一次有台灣人為聖國柏撰寫傳記，可說是繼承了國柏神父的亞洲福傳之夢。在此，我謹代表長崎修道院向許老師及出版社致謝。

目前，許老師正在聖國柏於長崎創辦的《聖母騎士》①月刊上，連載圖文專欄「兩頂榮冠」。從這部作品中，看得出她在動筆前做了很詳盡的準備工作，並在祈禱中以平易近人的方式，將聖國柏神父的生平介紹給讀者。

希望藉由本書的出版，讓更多人與主耶穌和聖母的愛相結合，也願聖國柏為此意向轉求與代禱。

翻譯：許書寧

1. 這本月刊最早的名稱是「無原罪の聖母の騎士」，中譯即爲本書所說的《無玷聖母騎士》。後來，因爲顧慮到一般日本讀者看不懂「無原罪」，就從 1936 年 1 月號起改名爲「聖母の騎士」，同年 5 月，國柏神父與日本永別，返回波蘭。

2023年6月29日
聖母の騎士修道院院長 / 『聖母の騎士』編集長
洗礼者ヨハネ山口雅稔

この度、絵本作家の許書寧先生が、台湾で聖コルベ神父の伝記を出版されると知り、とても嬉しく思います。1930年4月24日、聖コルベのアジアでの宣教活動が長崎で始まりました。多くのアジア人が、父である神もイエスも聖霊も知らず、カトリックの教えも知らないことを理解していたコルベ神父は、全てのアジア人を無原罪の聖母を通してイエスの愛の御心へ導こうと燃えるような熱意に満たされ、特に人口の多い中国語での布教活動を視野に入れながら長崎で福音宣教をしていました。台湾人が初めて書いた今回の聖コルベの伝記は、より多くのアジア人への福音宣教という聖コルベの夢の続きでもありますので、長崎の修道院を代表し許先生と出版社に感謝と謝辞を申し上げます。

現在、許先生は、聖コルベが長崎で始めた雑誌『聖母の騎士』で、「二つの冠」を連載してくださっておりますが、聖コルベのことを本当によく調べ、祈りながら分かりやすく聖コルベについて読者にお伝えしようと執筆されていることが分かります。この本を通して、より多くの人たちが主イエスと聖母の愛で結ばれるよう、聖コルベの取り次ぎを願いお祈りいたします。

楔子

一九四一年七月三十日，波蘭奧斯威辛集中營。

點名廣場上站著一群面頰凹陷、雙目無神的藍白條紋衣身影，個個瘦骨嶙峋，形同鬼魅。他們是十四號宿舍的囚犯，已經被罰站一整日夜了。起因是一名囚犯脫逃，依照納粹規定的連坐法，必須殺死同宿舍的十名囚犯，以資懲戒。

集中營的指揮官菲斯克站在前方，冷酷的眼中閃著殘虐的光芒。只見他緊抿的嘴角微微上揚，似乎很享受自己掌中的巨大恐懼：

「有人逃走了，而你們沒有制止這件事發生。所以，你們中有十個人要被送進餓死室。其他人最好記清楚，下次可是二十個人！」

菲斯克開始在囚犯的行列間踱步，隨手指出十名代罪羔羊，讓面無表情的副官記下他們的號碼：

「你！」「你！」「你！」

中選者哀號哭泣，被毫不留情地拖往前方，剝去他們再也不需要的木鞋。其中一名囚犯失去控制，絕望地大聲嚎哭：

「啊啊………我的妻子！我的孩子！」

就在那時，隊伍中起了騷動。一名骨瘦如柴的囚犯離開隊伍，摘下軟帽拿在手上，拖著緩慢卻堅定的步伐走上前去。他的鼻上架著碎裂的細圓框眼鏡，胸前的號碼條上寫著「16670」。菲斯克從未見過如此冷靜的擅自行動，一時不知該做何反應。他死瞪著眼，好不容易吐出呻吟般的惡語：「這個波蘭豬想做甚麼？」

那人靜靜地伸出手，指著哭喊妻兒的囚犯說：

「我要代替他死。」

第一章

小雷蒙的抉擇

小雷蒙誕生的瓦拉村舊家（攝於波蘭 Niepokalanów 聖國柏紀念館）。

「猶利，恭喜！是個男孩！」

二樓的房門開了，包著花布頭巾的中年婦人探出頭來，紅通通的臉上滿布笑意。樓梯底端，站著一名身材修長的棕髮男子，全身因過度的緊張而顯得僵硬。他猛然抬頭，聽見半掩的房門傳出響亮的哭聲，頓時手足無措，先踉踉蹌蹌地踏上台階，卻又忽然止步，轉身奔向樓下的廚房，跪倒在櫥櫃間的祈禱台前。牆上掛著一幅波蘭人家中常見的聖母抱子像，小凳中央立著十字架，斜前方則是粗糙的木雕馬棚。昏暗的油燈下，表情樸拙的牧羊人與賢士圍繞著馬槽裡的嬰孩。猶利淚流滿面，雙唇顫抖：「主啊，謝謝！主啊，謝謝！」在那之後，年輕的父親深吸了一口氣，站起身來，飛奔上樓。

小雷蒙小時候的波蘭地圖。

貧窮卻喜樂的國柏家。

童年時期的小雷蒙（最左下）（攝於波蘭 Niepokalanów 聖國柏紀念館）。

一八九四年一月八日，國柏家的次子雷蒙誕生於波蘭中部的瓦拉村。他的父親猶利是勤勞的紡織工人，生性木訥害羞；母親瑪利亞則能言善道，活潑開朗。這對年輕夫婦貧窮卻喜樂，家中永遠充滿歡喜的笑聲。

小雷蒙出生後不久，全家遷居至人口較多的巴比亞尼切村。在那裡，國柏夫婦生下三子若瑟，一家五口的生活更為清苦。為了營生，瑪利亞除了兼差助產，也在家經營小雜貨鋪，販售食品、針線、繩索、蠟燭等民生用品。小雷蒙逐漸長大，開始幫忙照顧店鋪。他雖然沒有上過學，卻精明伶俐，懂得一些基本的計算，是母親的得力助手。

話說回來，三兄弟固然乖巧，畢竟還只是精力充沛、活潑好動的男孩，經常鬧出叫父母親頭痛的頑皮事。尤其是雷蒙，小腦袋中總不缺機靈古怪的淘氣點子。他曾經不顧爸媽禁止，偷偷游泳穿越急流，以至差點溺斃；也曾將雜貨店販售的雞蛋塞入母雞窩中，試圖孵出小雞

調皮的小雷蒙。

來當寵物。每次「東窗事發」，雷蒙總免不了遭受痛打與責罵。問題是，處罰結束後，他卻又好像沒事人般忘得一乾二淨，馬上策畫起下一樁惡作劇來。

雷蒙十歲的時候，有一回又搗蛋過了頭，叫母親大發雷霆。

「雷蒙，過來！」

瑪利亞站在廚房裡，雙手叉腰，氣得全身發抖。雷蒙低著頭，不時用眼角偷瞄母親的臉色，心中暗自忖度，這回可真的鬧得太過分了，不知要受多麼嚴厲的懲罰。他怯生生地走上前去，將雙手背在身後，咬緊牙根，準備承受即將降臨的痛打。沒想到，無論他怎麼等，母親卻遲遲不動手。雷蒙鼓起勇氣，將視線逐漸往上挪：裙襬、圍裙、口袋、腰帶、鈕扣、領口、脖子……啊！

映入雷蒙眼中的，並非他

小雷蒙的母親瑪利亞
（攝於波蘭Niepokalanów聖國柏紀念館）。

所預期的怒容，卻是潸潸流下的淚珠。他驚訝地發現，母親的視線並不在自己身上，卻苦苦凝視著祈禱台上方的聖母像。她緊咬嘴脣，下巴微微顫抖，眼神悲痛而失望。雷蒙從未見過如此表情的母親，他倒吸了一口氣，感覺像被迎頭重擊。

不知道過了多久，瑪利亞回過頭來，望著調皮搗蛋的兒子，重重地嘆了一口氣，好似自言自語地說：

「啊……這孩子，長大後會變成甚麼樣子？」

比起憤怒，母親的悲傷更叫小雷蒙難以承受。他不顧一切地衝出屋子，心中糾結著數不清的悔恨與自責，一路奔進天主堂，跪倒在聖母小祭壇前埋頭痛哭。

「啊，媽姆莎，我是多麼無可救藥的壞孩子，竟然讓媽媽傷透了心……。」

「媽姆莎」是波蘭文中幼童向母親撒嬌時的暱稱。雷蒙祈禱時喜歡如此稱呼聖母，就好像自己是被呵護於那雙堅定手臂中的嬰孩一般。這個習慣即使在他長大、進入修會後也未曾改變，讓其他司鐸深感不以為然。可是，雷蒙對聖母的熱愛以及願意與基督合一的渴望如此迫切，以至於直接流露於言語中。那聲帶著乳嬰氣味的柔軟呼喚，蘊含著完全的信賴與交託。

「媽姆莎，請妳告訴我，我長大後會變成甚麼樣子？」

午後的陽光穿透彩窗，化為一道道清澈的五彩光束，溫柔包裹著教堂內的靜謐空氣。平時看不見的塵埃好似初冬的細雪，在光中柔順地揚起又散落，舞動的韻律彷彿大地的深沉呼吸，不疾且不徐。

就在那時，雷蒙聽見了一個極好聽的聲音，輕輕呼喚著自己。

「雷蒙，雷蒙……」

男孩嚇了一跳，抬起頭來環顧四周，教堂內除他以外並沒有其他人。他偏著頭想了想，斷定是自己聽錯了，遂將視線重新轉回前方，卻發現小祭壇上方的「媽姆莎」好像跟平常不太一樣。她看起來既小又大、既朦朧又真實，好像遙遠卻又接近，深棕色眼眸中閃爍著神祕的光輝，美麗得難以言喻。雷蒙赫然明白那聲呼喚來自前方，心中頓時充滿畏懼與喜悅。「媽姆莎」伸出雙手，手中各持好似花朵又像冠冕的東西，一邊是紅，一邊是白。

「孩子，你想要哪一個？」

雷蒙望著聖母手中白得像雪、紅得像血的花冠，不知該如何選擇。

「有甚麼不一樣？」

「白色象徵貞潔，紅色代表殉道。」

孩子，你想要哪一個？

「我都要！我兩邊都要！」

「媽姆莎」的嘴角揚起若隱若現的微笑。她凝視雷蒙，稱許似地點點頭。在那之後，教堂再度恢復靜寂，好像從未發生過任何事。

經過這個神祕事件，調皮搗蛋的雷蒙「消失」了。表面上，他依然是個活潑可愛的十歲男孩，卻不再做出讓父母心煩的惡作劇，反而將大部分時間用在沉思與祈禱上。瑪利亞發現了兒子的轉變，卻因不明就裡而感到擔憂。她將雷蒙喚至跟前，問他「究竟發生了甚麼事？」雷蒙卻笑著搖頭，不肯明說。

「沒事的，媽媽，並沒有發生甚麼事。」

「不，雷蒙，媽媽看得出來，你一定有甚麼事瞞著我。孩子，我很高興你不再像從前那樣頑皮，更喜歡你經常祈禱。可是，你的改變畢竟來得太突然，反而讓媽媽擔心。雷蒙，親愛的雷蒙啊，我們不總是無話不談？難道你現在連心事也不願意告訴我了嗎？」

雷蒙望著憂愁的母親，很是猶豫。他遲疑了很久，好不容易下定決心，吞吞吐吐地描述了自己與聖母之間的「約定」。講完後，他紅著眼央求母親：

「這件事，請媽媽不要對人說，好嗎？」

瑪利亞深吸了一口氣，將兒子緊摟在懷中：

「那當然！我絕對不會告訴別人。」

國柏夫婦是活在信仰內的人。特別是瑪利亞，當她還是個小女孩時，就已經立定決心要進入修道院，將畢生奉獻給主。可是，當時的波蘭政局混亂，國土被列強瓜分。瑪利亞的家鄉瓦拉村屬俄國管轄，境內的天主教徒慘遭迫害，修道院被迫關閉，修士修女們也不得不移居異地。因此，瑪利亞固然有心度奉獻生活，現實情況卻絕不允許。她曾經掉過不少眼淚，甚至在祈禱時自怨自艾：「若當不成基督的新娘，反而得和他人結婚，還不如死了更好。」然而，那樣的想法卻在遇見純樸的織工猶利時起了變化。猶利的善良、誠實與虔誠深深吸引了瑪利亞，讓她開始思索「另一種聖召」的可能性，緊閉的心靈也逐漸開放。後來，兩人決定成為神所結合的人生伴侶，並熱切期待孩子能代替他們走上奉獻之路。因此，當瑪利亞得知雷蒙的神祕經驗時，不但毫不吃驚，反而充滿感謝。她信守承諾，在兒子生前不曾對人透露那個祕密。

國柏家三兄弟逐漸長大，雙親終日勞苦、省吃儉用地存下一筆學費，將長子方濟送入城中就讀。至於雷蒙和弟弟若瑟的教育，就心有餘而力不足了。平時，

小雷蒙渴望上學。

雷蒙不僅幫忙照管雜貨鋪，當母親臨時出門兼差時，他更一手包辦全家伙食，想盡辦法利用有限的食材，烹調出令家人讚不絕口的菜餚。

有一天，瑪利亞兼差時分身乏術，派雷蒙代為採購所需藥材。雷蒙欣然從命，將母親吩咐的藥名記得滾瓜爛熟，朗朗轉述給藥劑師聽。藥劑師名叫柯特夫斯基，已在村裡賣了許多年的藥，卻從未見過能將艱難拗口的拉丁文藥名背得如此流利的幼童。他大吃一驚，站起身來仔細打量櫃台前的矮小男孩。

「孩子，你怎麼會說拉丁文？誰教你的？」

「是本堂神父教我們的。」

「主日學不可能教那麼多吧。你還在哪裡上學？」

「我沒有上學。哥哥在城裡唸書，他以後要當神父。我們家沒有錢，只付得起一個人的學費，所以我留在家裡幫忙。」

科特夫斯基見他回答得有條有理，既是欣賞又是不捨，遂拍拍胸脯說：

「你這麼聰明，不唸書太可惜了。這樣好了，從明天起，你就來我這裡學吧。我們每天學一點，把基礎打好，年底你就能和哥哥一樣參加入學考試。怎麼樣？」

好心的科特夫斯基先生。

「真的嗎？」雷蒙興奮得跳了起來，雙頰因激動而泛紅，眼中閃耀著幸福的光采：「啊，謝謝您，科特夫斯基先生！您真好，科特夫斯基先生！」

雷蒙完全記不得自己是怎麼回到家的。他跑得那樣飛快，那樣輕盈，簡直腳不著地。聽說了這個好消息，猶利和瑪利亞也同樣歡喜，遂決心更勤奮工作、更省吃儉用，來幫助好學的兒子圓夢。就這樣，雷蒙很快跟上了哥哥的進度，並順利通過入學測驗。在好心的科特夫斯基先生的經濟援助下，兄弟倆快快樂樂地一起上學，下課後飛快趕回家幫忙家務，過著忙碌而充實的求學生活。

第二章
戰士、修士、騎士

雷蒙十三歲那年，一位方濟會神父來到村裡指導「避靜」[1]。從他口中，雷蒙與哥哥得知盧歐地區的方濟會院正在招募新生，躍躍欲試。回家後，他們透露了想修道的渴望，懇求父母許可。猶利與瑪利亞既高興又不捨，內心很是掙扎。因為，盧歐地區固然同為波蘭，卻屬奧匈帝國管轄，與俄國統治下的巴比亞尼切村之間有「國界」相隔，感覺就像遙遠的異國。最後，國柏夫婦還是下定決心，將愛子「歸還」給造物主。於是，猶利陪伴兒子穿越國境，前往南方大城轉搭火車。

「方濟，雷蒙，聽好。」

臨別前，猶利站在月台上諄諄告誡：

「從現在起，你們就是完全屬於神的人了。為此，我和你們的母親滿懷感謝。你們不該往後看，卻要盡全力向前奔馳。要努力用功，卻也不能忽略祈禱，明白嗎？」

方濟與雷蒙將上半身探在車窗外，看起來既無助又弱小，好似羽翼未豐的幼雛。火車開動時，兩人拼命揮舞帽子，直到再也看不見月台上的父親。雷蒙盡力坐得筆直，不敢注視哥哥，深怕管不住幾近決堤的淚水。他的胸中五味雜陳：緊

1. 避靜（Retreat）是天主教會的傳統，邀請個人或團體暫時抽離熟悉的日常生活，藉著獨修、靜默與祈禱等操練，加深信仰。編按，請參見作者所著《走入心中：避靜的好處》（星火文化）。

張、害怕、不捨、期待……沒想到，小小身軀竟容得下這般多的情緒。

經過漫長的旅途，兄弟倆總算抵達盧歐的方濟會院。那是一座樸實的石造建築，周圍環繞著茂密的樹林。他們舉起手來敲打木門，從此開啟了既新鮮又充實的小修院生涯……。

在學期間，雷蒙的文科成績差強人意，數理能力則超群出眾。他曾仔細演算地球到月球的距離，推斷出人類登月的可能性，甚至研發火箭，留下極為詳盡的設計圖。當時，距離一九六九年阿姆斯壯登陸月球，整整早了六十年。

除此之外，雷蒙也喜歡研究戰略陣法，以木片和棋盤發明「兵棋推演」的遊戲。當大家分組模擬攻擊與防衛戰時，從來沒有人勝得過他。一位同學日後回憶：

「雷蒙的數學天份，讓全校師生驚為天人。有些數學難題，就連老師也得耗費長時間與大量計算紙才能演算得出；遇上雷蒙卻總是迎刃而解，好似不費吹灰之力……大家都說，他若不是走上修道之途，日後肯定會成為發明家、科學家或軍事專家。」

滿十六歲那年，雷蒙站在人生的十字路口上，面臨做決策的最後關頭。

學期終了後，他必須選擇正式進入修會或另尋他路。雷蒙一方面嚮往修道，另一方面，體內的波蘭血液卻也渴望從軍，以武力解放長年受列強欺壓的祖國。他在苦惱中祈禱，懇求來自上天的指引，最後得到一個自認為妥當的結論：

「小時候，我曾向聖母要求紅白兩頂花冠，白色象徵貞潔，紅色代表殉道。可是，如果我進入修會過單純的祈禱生活，又怎麼可能獲得流血致命的機會？不，不對……唯有從軍，成為走上沙場的戰士，才能以生命換取榮冠！」

雷蒙立定決心，順道說服了哥哥方濟。兩兄弟在愛國心與使命感下熱血沸騰，正要前去向修道院長請辭，忽然聽見門鈴大作，一位小修生匆匆來報：

「原來你們在這裡。令堂來了，正在會客室等候。」

兄弟倆迫不及待地趕至，才剛進門，只見母親喜形於色：

「方濟，雷蒙，天大的好消息！若瑟已經決定仿效你們兩位哥哥，進入方濟會修道。家中既然沒了孩子，我和爸爸想重拾婚前的夢想：進入修會過奉獻生活。爸爸即將前往克拉科夫的方濟會。我呢，會住在離你們不遠的本篤會院，幫忙修女們處理雜務。瞧，多好啊！主竟讓我們一家五口同心合意地侍奉祂。真沒想到能有這麼一天！啊，哪裡有比這更幸福的事呢？」

雷蒙的母親於「關鍵時刻」到來。

瑪利亞說得激動，雙眼泛紅。

雷蒙和哥哥則面面相覷，將原本想告知母親的決意硬生生吞了下去。

這場不期然的面會宛如當頭棒喝，一舉驅散了兄弟倆心中的迷惘與陰霾，讓他們豁然開朗，真正明白了神的旨意。送別母親後，二人再無疑慮，踏著輕快而堅定的腳步走入院長辦公室，不是為了請辭，而是正式告明想入會的決心。

「親愛的母親……那時刻，發生了一件令我終生難忘的事。我和方濟原已打算向院長申請離開修道院的許可，忽然聽見鈴聲，被通知前往會客室。原來，仁慈的天父按照祂的神祕旨意，派遣您在緊要關頭前來，幫助我們擺脫魔鬼的羅網。那事至今已過了九年。直到今日，每當我憶起當時種種，心中總是充滿無盡的感激……」（摘譯自一九一九年四月二十日的國柏家書）

一九一九年九月，雷蒙跪在修會的祭壇前，脫去昔日舊裝，正式套上黑色會衣，於腰間繫上打了三個結、象徵「貧窮、貞節、服從」誓願的白色繩索。入會時，他承繼初期教會殉道者Maximilian的名字，作為即將終身陪伴自己的修道名。

從那時起，「馬希連．國柏」（Maximilian Kolbe）修士誕生了。

一年後，國柏修士被喚入院長辦公室。

「馬希連，恭喜你！長上決定送你到羅馬深造。今年，我們總共選派了七名留學生，你是其中之一。」

馬希連．國柏修士誕生了。

對於求知若渴的學子而言，這個消息本該是夢寐以求的良機。沒想到，國柏一聽卻面若死灰，踉踉蹌蹌地退回寢室，陷入極深的煩惱中。

原來，當時的波蘭會院流傳著一個古怪的謠言，認為羅馬充滿誘惑，是傷風敗俗的萬惡之源；對於血氣方剛的青年而言，絕非修道的好所在。國柏涉世未深，竟對那謠言深信不疑。他的心中充滿恐懼，害怕失卻象徵貞節的「白色花冠」，甚至試圖以身體欠佳為由推辭，最終卻還是順服地從了命。出發前，國柏忐忑不安地寫信給母親：

羅馬留學期間的國柏修士（攝於波蘭 Niepokalanów 聖國柏紀念館）。

國柏修士在羅馬寫信給母親。

「親愛的母親……請多多為我祈禱。我唯獨需要祈禱，其他事自有修會照料，無一匱乏。實在，我迫切需要您的代禱。因為我聽說羅馬處處是危機。在那裡，有很多『壞女人』站在街角，企圖誘惑神職人員。我天天往返學校，不得不經過那些危險的道路……」（摘譯自一九一二年十月二十八日的國柏家書）

一九一二年秋天，十八歲的國柏抵達羅馬，與來自世界各地的修生們開始了為期七年的留學生涯。從他居住的方濟會院到額我略大學（Pontificia Universitas Gregoriana），步行約需三十分鐘。剛開始，國柏為了不讓「街角的壞女人」有機可乘，上下學時簡直像踩了風火輪，老是緊張兮兮地拔足狂奔，行跡可疑，令不知情的同學們大惑不解。幸好，如此「疲於奔命」的通學方式並沒有持續多久。很快地，國柏便發現羅馬並不如想像中可怕，從前的聽聞也不過是無中生有的謠傳。他這才放鬆心神，重拾生來的好奇心與求知慾，興高采烈地四處探索古老的羅馬城，並將經歷鉅細靡遺地寫給遠在波蘭的母親……

「我剛散步回來。每逢休假出門散心，總能遇見一些從沒去過的聖堂。因為，羅馬有三百多座天主堂呢！」

「若要詳述在羅馬的所見所聞，這封信恐怕會變成一本厚重的大書。實在，羅馬就像承載聖人骨血的巨大聖髑盒，又好似當年統領世界之皇帝們的雄偉紀念碑……。」

「我在聖伯多祿大殿參與了聖週禮儀……我們的座位太遠，看不清楚。我借用同學的眼鏡，總算看見十字架與印著耶穌面容的維若妮卡聖布……。」

國柏從羅馬寄給母親的家書現存十六封，內容生動風趣，處處流露真情。除了報導異國點滴外，也不乏對家人的關切。其中，寫於一九一四年復活節的祝福，不僅呈現國柏對母親的愛慕，也能看出他內心的信仰深度。

「母親，我不為您祈求健康或成就，我所求的是更美好的恩典：『願天父的旨意在您身上實現』。這是我所能想到最好的禮物，願您在一切事物上符合祂的聖意。」

隨著時光流逝，年輕的國柏修士逐漸習慣了羅馬的留學生活。他已於一九一五年順利取得額我略大學的哲學博士學位，緊接著進入聖文德神學院（Pontificia Facoltà Teologica San Bonaventura）攻讀神學課程。校園內固然平靜，國際間卻已經開始了第一次世界大戰，風起雲湧，人心惶惶。

一九一七年，祕密社團共濟會（Freemasonry）與天主教會之間發生了極為強烈的衝突。共濟會員在羅馬市內分發毀謗天主教會的傳單，於梵蒂岡城牆上塗鴉辱罵教宗的文字，並在教宗起居室窗外懸掛繪有撒旦踐踏大天使圖案的黑旗。

那些充滿惡意的挑釁與攻擊，讓國柏悲憤不已。他再度燃起熊熊的使命感，認為不應束手旁觀，卻該為義奮戰。於是，國柏向修道院長表明自己的計畫，說得慷慨激昂、面紅耳赤：

「院長，求您許可，派我去共濟會總部，與他們的最高指導人當面辯論。我要與他講理，勸他改信天主教！」

院長看著眼前這名情緒激動、弱不禁風的青年，心中很是驚訝。他站起身來，拍拍國柏的肩膀，溫和地說：

「馬希連，你先冷靜下來。我們真正該做的，不是直闖共濟會總部強迫會長改宗，而是為對方的所有會員祈禱。」

國柏有點失望，卻還是遵命而行。他按捺住自己的情緒，日夜懇切地祈禱與思索。

這位年輕方濟會士的心境，恰如修會的創始者聖方濟（St. Francis of Assisi）②。八百多年前，身為富商之子的聖方濟原本嚮往躋身貴族行列，渴望立下戰功並成為騎士。他意氣昂揚地武裝出門，卻在神祕經驗中赫然醒悟，自己該效忠的對象是天上的主人而非地上的僕人。於是，他順服地捨下武器，擁抱貧窮而非戰功，手持十字架取代利劍，成為真正的和平之子……。

祈禱中，國柏心內浮現了一個念頭：

「對了！我要組織一個屬於聖母旗下的『軍隊』。為了贏得人靈的救贖，這個軍隊的所有成員都該以信仰為盔甲，以祈禱為武器，捨身奮戰。瑪利亞總是陪伴在耶穌身旁，她一定能帶領我們走上正道，幫助所有人找到基督。」

一九一七年十月十六日夜晚，在長上的許可下，國柏與六名志同道合的修士

2. 編按，聖方濟的生平事蹟請參閱作者所著《亞西西的小窮人》（玉山社）。

聖母騎士的首次聚會。

攜手成立了「無玷聖母騎士團」（*Militia Immaculatae*）。七位新騎士在修道院一隅舉行首次聚會，圍繞在擺放聖母像與蠟燭的桌邊，真誠地許下承諾：願以基督的「無償之愛」為最高目標，在各自的生活中努力成為和平與愛的福音見證，藉以填補戰爭和仇恨造成的傷痕。

多麼喜樂的瞬間。

戰士。修士。騎士。

國柏幼年的許諾、少年的夢想、畢生的渴望與認同，合而為一。

第三章

靈魂的暗夜

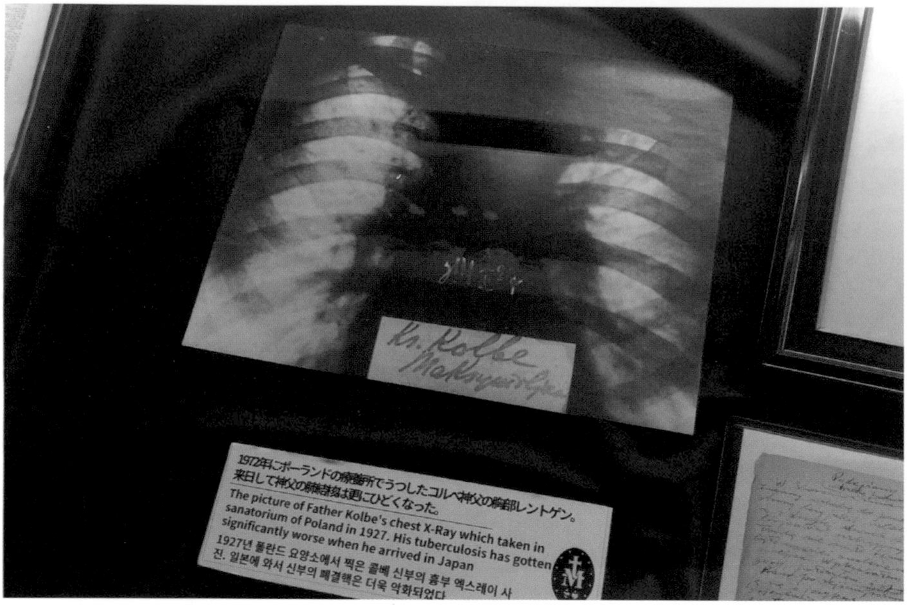

1927 年國柏的胸腔 X 光片（攝於日本長崎本河内聖國柏紀念館）。

一九一九年七月下旬，某天清晨，一名提著破舊行李箱的黑衣青年敲響了座落於波蘭古城克拉科夫的 Siostry Felicjanki 修女會①大門，應門的婦人一見來客，激動得幾乎昏厥：

「兒子啊！」

馬希連·國柏（Maximilian Kolbe），在羅馬順利取得哲學與神學博士學位後，返回睽別七載的祖國。在學期間，他不僅與志同道合的夥伴創建了「無玷聖母騎士團」（*Militia Immaculatae*），也於歸國前晉鐸成為神父。寄居於修女院的國柏夫人見到愛子平安歸來，且已成為司鐸，不禁喜極而泣。

回到克拉科夫後，二十五歲的國柏神父的首任工作是教職，在神學院講授哲學與教會史兩門課程。這位年輕教師胸懷大志卻力不從心。長期的刻苦與營養失調耗盡了他原已孱弱的肉體，以至於染上令人聞之色變的肺癆，經常發燒住院。他的大部分胸腔遭結核菌侵蝕，講課時體力不支、氣短聲低，發不出足以讓所有學生聽見的音量；勉強持續了兩個月後，便被迫放下教鞭。

國柏神父的健康狀況急轉直下，終至咯血，被送往波蘭最南端的山區小鎮扎科帕內（Zakopane）療養。儘管如此，他在寫給母親的信上仍是一貫的快活：

1. Siostry Felicjanki（CSSF），一八五五年創建於波蘭，是正規方濟第三會的修女會。國柏的母親瑪利亞（Marianna Dabrowska Kolbe）原本在盧歐地區的本篤修女院幫忙。國柏在羅馬進修期間，她轉而進入克拉科夫的 Siostry Felicjanki，幫修女們處理對外雜務，直至一九四六年五月十七日以七十六歲之齡病歿。

「對我而言，這裡應該是不能再好的療養所了。我們完全遵守醫師指示作息，空氣清新，飲食豐富，陽台上甚至有安樂椅喔！」

國柏遵照囑咐休息時，喜歡將眼鏡與懷錶置於聖母像前：「眼鏡代表我的雙眼、我的思言行為與工作；懷錶象徵時間，是我的餘生。這一切都不屬於我自己，願聖母媽媽幫助我善用這些『工具』，為福傳奉獻心力。」每當病情好轉、稍有力氣時，他總會想盡辦法到其他病房交談宣講。當時，療養院住著許多大學生，多半是猶太人或自稱「自由思想家」的無神論者，因病受困於荒山而抑鬱寡歡。起初，他們對這位積極的青年神父充滿敵視，國柏卻愈挫愈勇，以謙和的態度、溫暖的微笑與宛如赤子的目光擄獲了眾人的心。漸漸的，抗拒轉為好奇，辯論化為理解；到最後，眾人異口同聲地尊稱國柏為「活字典」，深受其吸引，許多人甚至因此受洗信了基督。

一九二一年十二月，國柏結束了將近兩年的療養期，回到克拉科夫會院，開始籌畫創辦《無玷聖母騎士》月刊。

國柏是具有遠見、走在時代尖端的人。他明白潮流走向，知道不能拘守於過去的小眾福傳模式，更該善用日新月異的傳播媒體，突破現實的時空隔閡。

▎早期的無玷聖母騎士月刊（攝於波蘭 Niepokalanów 聖國柏紀念館）。

▎印刷雜誌時使用的金屬板型（攝於波蘭 Niepokalanów 聖國柏紀念館）。

他對波蘭的現況做過考量，認定出版業是最適於當下的福傳手段；希望藉由「雜誌」這個平易近人的媒介，讓騎士團的使命深入民間，在社會、家庭與個人內萌芽扎根。

修會內無人看好這個計畫。眾人嘲弄國柏，說他愛做白日夢，不切實際，簡直像「舉鋤頭勾月亮」（波蘭諺語，形容自不量力）。最後，長上總算給出許可，卻拒絕提供資金：「你必須自己想辦法籌募經費。」

國柏只好出門募款，第一天不僅毫無所獲，更用掉了僅有的幾枚銅板。因為他太過害羞，走進店家卻面紅耳赤開不了口，支吾了半晌後，買了一件不需要的小東西便倉皇逃離。他又找到另一家店，卻在門前往返了許多次，怎麼樣也提不起勇氣跨入。畢竟，這是他有生以來第一次乞討，怎能不難為情？國柏既沮喪又自責，狠狠地罵自己根本不配當「聖母的騎士」；就那樣一而再再而三地自我搏鬥，最後終於克服了羞恥心，挨家挨戶募得些許捐款。

一九二二年一月，《無玷聖母騎士》（*Rycerz Niepokalanej*）發行了創刊號，首刷五千本。

創刊號美其名為雜誌，實際上只是一本十六頁的小手冊。紙質粗糙、印刷簡

修士們站在街頭分發《無玷聖母騎士》月刊。

波蘭克拉科夫聖方濟大殿內的「七苦聖母小堂」。

陋，內文多出自國柏之手。叫人驚訝的是，這位學識淵博的神哲學博士筆下的文字，絲毫不見艱澀難懂的專業術語，反而親和友善、平易近人。因為，雜誌設定的讀者並非學術人士，而是因貧困而無法受教育的普羅大眾；而國柏正如同聖保祿宗徒，願意為了一切人而成為一切。他寫道：

「並非人人都能成為天才，成聖之道卻向所有人開啟。不要以為聖人生來與眾不同，他們與你我並無兩樣，同樣受試探、也可能屈服於誘惑、經歷失意與悲嘆的打擊，卻會在跌倒後一再爬起。聖人仰賴的不是自己，而是神。」

1922 年 1 月《無玷聖母騎士》月刊創刊號。
（攝於日本長崎本河內聖國柏紀念館）

國柏更在編輯後記中呼籲：

「基於資金短缺，無法保證今後能如期發刊，懇請慷慨解囊協助。然而，若您已竭盡所能，仍無餘力回報上天厚愛，我們很樂意免費奉送。」

就這樣，五千本《無玷聖母騎士》雜誌被免費分發出去，在讀者心中激起感恩的共鳴。陸續有人寄來小額捐款，以稚拙的筆跡寫著：「我從今天起不抽菸了，要把省下來的錢拿來訂雜誌」、「我為了雜誌而戒酒」、「這是我原本想買新裙子的錢」……金額輕如鴻毛，真情卻重於泰山。

國柏繼續著手製作次期雜誌，募得的款項卻不足以支付印刷費用；再加上貨幣貶值，使得如期出刊的可能性極為渺茫。有一天，國柏前往舊城區的聖方濟大殿（Church of St. Francis of Assisi, Kraków），在奉獻給七苦聖母的小堂內祈禱。他祈禱得如此專注，就像在母親懷中娓娓傾述的幼童。結束後，他起身正要離開，忽然發現覆蓋著純白麻布的祭台上，不知何時竟多了一只信封，上面寫著

「獻給無玷聖母」。

因著印刷資金不足，在七苦聖母小堂內祈禱的國柏。

克拉科夫聖方濟大殿內的七苦聖母小堂祭台畫，在這個祭台上，國柏發現放了捐款的信封（掃描自明信片）。

國柏環顧四周，發現除了自己之外並無他人，不禁奇怪，遂打開信封檢視，裡面是幾張鈔票與一封短信：

「無玷聖母瑪利亞，請悅納這份微薄的禮物，這是我愛您的印記。請把這筆錢用在您認為適宜的事上。」

奇妙的是，信封裡的金額不多不少，正是國柏必須支付印刷廠的費用。他雀躍著將信封帶回修院交給長上，院長聽說後也驚奇不已，便許可他使用該筆款項。

《無玷聖母騎士》月刊漸上軌道，創刊者的立場卻日趨險惡。樹大招風，名高引謗。在那之前，早有許多同會弟兄出於忌妒而排擠國柏；如今見到他的雜誌受歡迎，心中更不是滋味。他們想盡辦法阻礙，公開對他冷嘲熱諷：「他瘋了！」、「那癆病鬼老是異想天開。」、「他以為可以藉著程度那麼低的刊物征服世界？真是蠢驢！」

那時候，僑居美國的聖安多尼管區長西滿神父返鄉探親，寄宿於克拉科夫

仿效兄長走上修道之途的若瑟，修道名為「亞豐索」（攝於波蘭 Niepokalanów 聖國柏紀念館）。

的方濟會修院。某天晚上，有人想讓國柏在客人面前出醜，便又開始口無遮攔地大肆批評：「那本雜誌的水準很低！」、「在美國，應該不會有人想看這樣的東西吧？」、「我們偉大的國柏神父竟然還夢想買印刷機呢！也不看看自己，不但身無分文，還欠了一屁股債！」

可憐的國柏，獨自承受著萬箭般的毀謗。他既不反駁，也不辯解，將手按在唇上，就那樣垂著雙眼默不作聲。到後來，忍不住開口的反而是西滿神父：

「倘若那本雜誌真如你們所說的那麼不堪，最該負責的，是那些只會批評、卻從不伸出援手的人。」

他轉身面對國柏，從口袋掏出一百美金支票，遞上前去說：

「親愛的神父，就由我起頭幫忙您吧。」

在當時，一百美金可不是甚麼小數目，國柏因此順利購得一部二手印刷機。那部被修士

格羅德諾（Grodno）修院內的印刷所景象（攝於波蘭 Niepokalanów 聖國柏紀念館）。

們暱稱為「老奶奶」的手動型印刷機，得靠二人同時操作；一人手轉輪盤，另一人腳踩踏板。若想印製五千本雜誌，至少得連續轉上六萬回，是極為勞筋苦骨的繁重工程。雖然如此，卻能省下不少印刷費用。就這樣，因著西滿神父的仗義執言與慷慨，《無玷聖母騎士》月刊得到了「老奶奶」這位老當益壯的生力軍。

在同儕的排擠下，國柏與其印刷團隊被遷調至荒涼的邊境小城格羅德諾（Grodno，今天在白俄羅斯境內）。那裏的冬天極為寒冷，修士們卻窮得厲害，不僅直接睡在堆滿紙張與郵袋的印刷間地板上，還得兩人共用一件大衣。惡劣的環境再次摧毀了國柏的健康，他咯血、發高燒、肩胛劇痛到無法起身。一九二六年夏天，又一次被送往扎科帕內療養。

傳記作家 Maria Winowska 撰寫聖國柏神父生平時，將在扎科帕內的二度療養期稱為其「靈魂的暗夜」。

有別於第一次療養期，這回不管在肉體或心靈上，對國柏而言都是極為沉重的考驗與折磨。長年來的重壓與同儕的霸凌好似昏天暗地的羅網，將他緊緊綑綁，幾近窒息。在負面情緒的糾纏下，國柏變得消沉沮喪，甚至否定本身的存在價值，認為「自己若沒有生更好。」那段時日可說是國柏的「淬鍊期」，我們無

波蘭克拉科夫聖方濟大殿內紀念聖國柏神父的小祭台。

TYLKO MIŁOŚĆ
JEST TWÓRCZA
ŚW. MAKSYMILIANOWI
M. KOLBE
STUDENTOWI
PROFESOROWI
PATRONOWI
TUTEJSZEGO
WYŻSZEGO
SEMINARIUM
DUCHOWNEGO
FRANCISZKANIE
KRAKÓW, 21.10.2006

標明國柏曾於此地就學與任教的紀念碑（波蘭克拉科夫）。

從想像他獨自承受的重擔，卻可在其信上略見端倪。國柏勸告修士們不要過度依賴「感覺」，卻該「隨時做好面對痛苦的準備；不僅是黑暗、不安、疑慮、恐懼、不時爆發的劇烈誘惑或肉體折磨，更包括遠比前者更為難忍的精神考驗。」

這是發生於二度療養期內的小插曲：修士們實在太窮，向來只能兩人輪流穿一雙皮鞋。單獨來到療養所的國柏沒有鞋穿，遂寫信請長上郵寄。不久後，國柏收到修院寄來的包裹，打開一看很是心碎。因為，那些被揉皺後拿來包裹鞋子的紙張，竟是他費盡心血撰寫的學術論文。同儕對他的惡意擠壓，可見一斑。

幸好，仁慈的主伸出援手，撫慰了在痛苦深淵中掙扎的國柏。

管區長調派來了亞豐索神父（Fr Alfons Maria Józef Kolbe），代理國柏不在時的編輯業務。亞豐索神父並非旁人，正是國柏家那位仿效兄長進入方濟會的小弟弟若瑟，如今化身為哥哥的得力助手。在親愛手足的協助下，國柏總算能夠專心療養。另一方面，騎士團與出版事業以驚人的速度蓬勃發展，吸引了許多年輕人前來要求入會。當國柏於一九二七年復活節返回格羅德諾時，國內的「無玷聖母騎士團」會員人數已將近十三萬，《無玷聖母騎士》月刊的發行量則高達六萬本。

現在，狹窄的格羅德諾會院已容不下規模浩大的出版事業。印刷機器被擺在廚房與餐廳間的走道上，修士們的寢室則成了堆放桌椅與金屬活字的儲物櫃。再加上交通不便、以及與弟兄間因著理念不合而頻發的衝突，國柏深切體悟到騎士團急需另覓空間；他們需要一個更便捷、更寬廣、更能自由使用的新會院。

就在那時，從朋友口中傳來一個消息。

首都華沙附近的特雷辛村（Teresin）有一塊廣大的土地正要出售，地主是富可敵國的陸貝基（Jan Drucki-Lubecki）公爵。

第四章 聖母城到櫻花的國度

陸貝基公爵的相片與簽名文件（攝於波蘭 Niepokalanów 聖國柏紀念館）。

陸貝基公爵（右）晚年返回祖國時的相片（攝於波蘭 Niepokalanów 聖國柏紀念館）。

草原上的聖母像

一九二七年夏天，國柏輾轉得知陸貝基公爵①要出售土地，地點在距離首都華沙不遠的特雷辛村（Teresin）。

當時，格羅德諾會院已容納不下蓬勃發展的出版事業，另闢疆土的需求迫在眉睫。國柏趕緊透過同僚與公爵的管家洽商，談妥了租用土地事宜。陸貝基公爵的年齡與國柏相仿，為人慷慨友善，又是《無玷聖母騎士》雜誌的忠實讀者，二話不說地答應出借土地。他不要求租金，只提出一個條件：為了紀念在特雷辛森林中被暗殺的父親，他希望國柏的修會今後每年奉獻二十六回追思彌撒，其中兩次必須在公爵宅邸內的小聖堂舉行。

國柏聽聞好消息，迫不及待地前往特雷辛村探察土地。那塊約六英畝大的空地由溼地與沙地拼成，距離首都華沙僅有四十五公里，且有鐵路相連。國柏描繪著新天地光輝燦爛的遠景，不由得滿心歡喜。他所做的第一件事，是將從修院帶來的石膏聖母像，豎立於蔓草叢生的大地上：

1. 陸貝基公爵（Jan Drucki-Lubecki, 一八九八 - 一九九〇）
一九三九年九月納粹入侵波蘭之際，陸貝基公爵逃亡美國。一九九〇年，波蘭的共產政權瓦解，九十二歲高齡的公爵終能回歸祖國，寄居聖母城兩週後過世，被安葬於修道院的墓園中。

「母親，請妳擁有這片土地吧！」

幾天後，修會召開例行管區會議。國柏提出借地與搬遷印刷廠的草案，卻遭長上否決。原因是，世事瞬息萬變，修會無法保證今後能「永遠」履行公爵的要求。

國柏黯然神傷，前去轉告長上的決議，公爵聽了也悵然若失。國柏離開前，想起先前擅自豎立的聖母像，遂一五一十地告明。伯爵問：

「那麼，我該怎麼處理那尊聖母像呢？要撤下來還你嗎？」

國柏搖搖頭，溫和地回答：

「不，請讓她留在原處吧。因為，聖母媽媽才是土地的真正使用者。」

陸貝基公爵一時失了言語，百感交集。他沉默了半晌，最終抬起頭來說：

「神父啊，請收下那片土地吧。我願意捐贈，不收分毫，沒有任何條件。」

無玷聖母之城

一九二七年十月下旬，讓渡土地的繁瑣手續完成。國柏帶著幾位修士來到特雷辛村，開始建築新居，分秒必爭地工作。因為波蘭的秋天已近尾聲，必須趕在寒冬來臨前打好基礎才行。

鄰近居民眼見一群「竟然比我們還窮」的修士在荒地上廢寢忘食地勞動，大受感動，紛紛前來協助；男人捲起衣袖幹粗活，女人奔走著搬運食糧。很快地，小聖堂、印刷間、發電所、編輯室、廚房、宿舍……接二連三地落成了。國柏神父將新園地命名為「Niepokalanów」，意思是「無玷聖母之城」。十一月二十一日，眾人在小聖堂內歡慶了第一台彌撒。

無玷聖母之城！

國柏豎立於草原上的聖母像，現被保存於聖母城的小聖堂外。

這名字聽來響亮，實際上卻貧乏得可憐，以「家徒四壁」形容並不過份。因為，初期建築既沒有屋頂也沒有地板；上方覆蓋著勉強抵擋雨雪的柏油紙，底部直通地面，僅鋪上麥稈充當臥榻。用餐時，修士們席地而坐，以木箱為桌，拿馬口鐵空罐取代杯盤。早上起床後，得先打破臉盆裡結的冰才能盥洗。到了寒冬，氣溫有時降到攝氏零下三十九度，修士們卻只有一條薄毛毯可以裹身。奇妙的是，儘管修道生活如此艱辛，卻還是吸引了絡繹不絕的入會者。前來敲門的人除了被雜誌感動的讀者外，多半是鄰近的農家青年。他們耳濡目染久了，也萌生想與修士們過同樣生活的渴望。

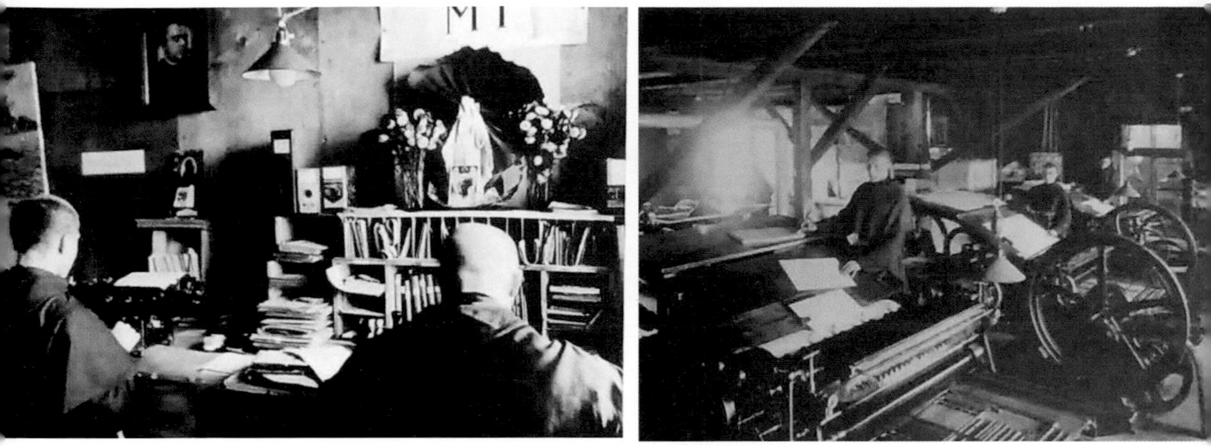

聖母城早期風景（攝於波蘭 Niepokalanów 聖國柏紀念館）。

聖母城的修院與出版事業蒸蒸日上，很快發展出五個基本部門，結構緊湊，環環相扣：

◆編輯部門

負責編輯、出版、通訊業務，處理國內外訂單

◆印刷部門

包辦鑄造鉛字、排版、印刷、寄送刊物等流程

◆技術部門

保養、維修各式機械，鋪設鐵軌、營運小型發電所

◆生活部門

包含聖堂、醫院、療養所、畜舍、食堂、乳品工場、裁縫洗衣部、製鞋廠

◆建築部門

管理恩人捐贈的原木，興建及整修房舍

除此之外，他們也另設消防組織。

聖母城草創初期，修院與鄰近農家多為木造建築，最怕火災。再加上公家消防單位距離甚遙，遠水救不了近火。修士們遂自組消防隊，周圍鄰居也皆蒙其利。早期擔任消防任務的革魯賓修士回憶：

「國柏神父向來主張『行動前先祈禱』，消防工作卻是唯一的例外。他指示我們滅火是當務之急，而後才是祈禱。所以，每次救火任務完成後，我們總會排成一列，齊聲奉獻感恩的祈禱。」

然而，修士們並沒有正式的消防衣。他們只戴上頭盔，繫緊腰帶，把寬鬆的會衣紮入長靴，就那樣身手敏捷地踩著救生梯上上下下。雖然如此，多年來卻不

興建初期的波蘭聖母城樣貌。

波蘭聖母城內的樸實小聖堂

曾發生意外，反而因其機動性而大獲好評。每當人們看見聖母城的消防隊，總會自發讓道：

「讓路！讓路！聖母的騎士來救我們啦！」

聖母城的發展固然顯著，修士們的生活卻一如往常的清苦。因為眾人都贊同國柏的理念，寧願犧牲自己，也要將節省下來的一分一毫投注在福傳出版事業上。國柏深諳「工欲善其事，必先利其器」的道理，購置所需硬體時毫不手軟，院內的印刷機全是德國製的最新型號，設備完善，技術先進。

有一次，來自別處會院的弟兄不以為然，酸溜溜地說：

「嘖嘖嘖……用這麼昂貴的機器，未免也太浪費了吧。咱們清貧的會祖聖方濟要是看到，不知做何感想！」

國柏不以為意，溫和地回答：

「如果聖方濟在此，肯定會捲起衣袖，與我們一同工作。」

一九二九年底，聖母城的印刷事業已成了產業界的模範。經常有同行人士前來參觀，想探知成功的祕訣。某家大報的經營人見到修士們各盡其職，自動自發且任勞任怨，心裡很是羨慕，語氣尖酸地對國柏說：

「你這個生意太輕鬆了吧！免付薪水，沒有人事支出。」

對那刻薄的諷刺，國柏回答得輕鬆寫意：

「你們也可以照樣做。」

火車上的邂逅

有一天，國柏在火車上遇見了幾位東方面孔的年輕人。他從以前就對亞洲極感興趣，遂上前攀談：

「你們是從哪裡來的呢？」

青年們態度友善，卻不懂波蘭文。國柏改用其他語言，最終以簡單的德文與荷蘭文勉強溝通。

聖母騎士們喜歡隨身攜帶的顯靈聖牌（攝於波蘭 Niepokalanów 聖國柏紀念館）。

「我們來自日本，是學醫的留學生。」

「日本有多少教堂？基督徒人口多不多？你們認識耶穌嗎？」

「……耶……穌……？」

當時雖然已是二十世紀，對於大多數歐洲人而言，遙遠的東洋仍然蒙在神祕面紗下。除了「櫻花」、「藝妓」、「竹子和紙做的房屋」等粗淺印象外，眾人對日本可說是一無所知。國柏第一次與日本人近距離接觸，急切地想問得更多資訊，無奈礙於語言隔閡，所獲甚微。

火車抵達華沙後，國柏從口袋掏出幾枚「聖母顯靈聖牌」②，送給對方做紀念。青年們喜出望外，稀奇地翻來覆去觀看，並回贈隨身攜帶的護身符與小佛像，這才依依不捨地分道揚鑣。

國柏站在月台上，握著尚帶餘溫的平安符，心中湧起一股熱潮：

「還有很多日本人不認識耶穌。我要成為傳教士，把基督的愛與福音帶到日本去！」

2.　「聖母顯靈聖牌」（Miraculous Medal）：　一八三〇年法國巴黎，聖母顯現給聖文生仁愛修女會的修女加大利納．拉布萊（Caterina Labouré），指示她按照所見形象製作與分發聖牌，並囑咐她滿懷信心、熱切祈禱，承諾「所有配戴這個顯靈聖牌的人都將領受鴻恩」。
史上許多聖人喜歡隨身佩帶與分贈此聖牌，其中包括印度加爾各答的德蕾莎姆姆。本文之國柏神父則戲稱它為「聖母的子彈」：只要出手，總會正中目標。

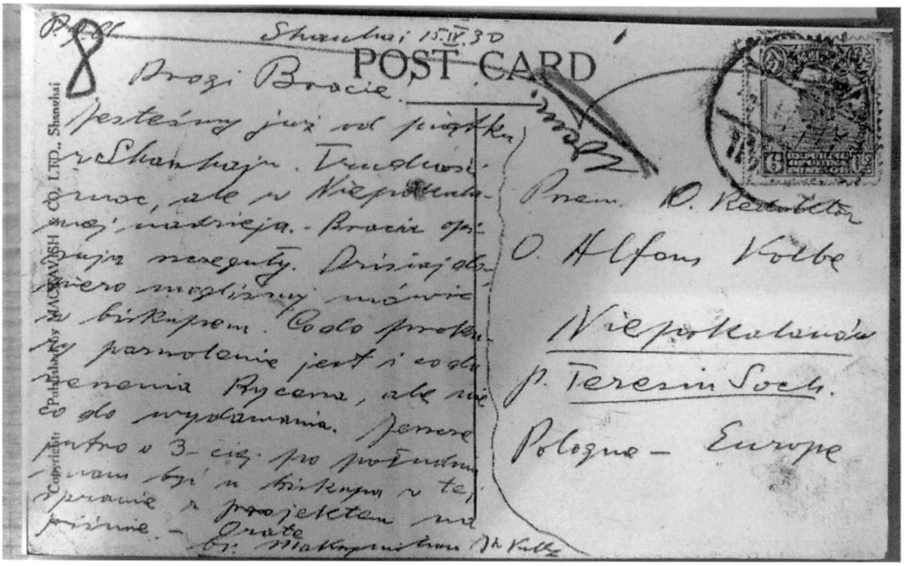

國柏的字跡，圖為國柏自上海寄給弟弟的明信片（攝於波蘭 Niepokalanów 聖國柏紀念館）。

國柏向修會管區長毛遂自薦，表明渴望赴日的決心，請求許可。管區長很是訝異：

「想去日本？你有經費嗎？」

「沒有。」

「你懂日文嗎？」

「不懂。」

「那……你在日本有認識的人？朋友？恩人？」

「還沒有。但是，只要天父願意，祂一定會幫助我克服這些難關。」

國柏像小羊羔般柔順地低著頭，謙恭地說：

「以上是我的想法與計畫，向您報告，請您判斷是否可行。長上是神的代言人，無論您做下甚麼決定，我都會欣然從命，絕無怨言。」

國柏交託完畢，心平氣和地離開了辦公室。可憐的管區長瞠目結舌，為那看似有勇無謀的計畫煩惱得輾轉難眠。他很想勸國柏打消荒唐的念頭，內心卻像被某種不知名的力量推動。最後，管區長做下結論，許可國柏前往日本福傳，並為他引薦了一位家境富裕的朋友，負擔修士們赴日的旅費。

國柏挑選出四名吃苦耐勞的弟兄，說明今後的計畫，邀請他們同行，並確認是否有「在日本殉道的決心」？四人同心合意，都渴望成為福音的撒種者。他們分別是十九歲的西蒙、二十二歲的錫林、二十四歲的息拉和三十八歲的傑諾。其中，傑諾修士後來成為國柏在日本最得力的助手，畢生鞠躬盡瘁，為照顧戰後的孤兒與窮人不遺餘力。

接管聖母城的是國柏的弟弟亞豐索神父。他二話不說地扛下兄長託付的重責，勞心盡力，幾乎廢寢忘食。臨行前，國柏想與弟弟道別。他走進院長辦公室，發現過勞的亞豐索正在小憩。國柏不願打擾那難能可貴的休息，俯身在他額上輕輕一吻，若有所思地說：

標著「特雷辛－聖母城」的火車站牌。

「睡吧，弟弟。你向來不顧己身、焚膏繼晷，再沒有比這更高貴的睡眠了。別了，親愛的弟弟，我們此生恐怕無法再相會了。」

一九三〇年二月二十六日，國柏等五位內心火熱的聖母騎士，提著簡單的行囊，揮別聖母城，正式踏上通往「櫻花國度」的漫漫長路……。

第五章

在長崎的日子

大浦天主堂正前方迎接國柏的聖母像。

國柏來日的 1930 年左右的長崎港樣貌（相片引用自維基百科）。

一九三〇年四月二十四日，日本長崎港。

下午一點四十五分，巨型郵輪「長崎丸」嗚咽入港。天空飄著毛毛細雨，碼頭上擠滿了洶湧的接送人潮。雜沓中，末等艙甲板上的三個黑衣身影顯得格外安靜。中央那人臉色蠟黃，鼻上架著圓框眼鏡，若有所思地呢喃：

「有山，有海，有綠意……日本真是美麗的好地方。」

從波蘭出發時，國柏神父一行原為五人；中途停靠上海之際，結識了善良慷慨的企業家陸伯鴻①。陸伯鴻與國柏相談甚

1. 陸伯鴻（一八七五～一九三七），原名陸熙順，天主教聖名若瑟，出身上海的知名企業家。生前創辦多所學校，以及包括「新普育堂」、「上海普慈療養院」在內的七所慈善機構。陸伯鴻本人也經常造訪療養院，親自服侍病人。一九三七年底，於自宅前遇刺身亡，終年六十二歲。

歡，原本有意資助他在上海建立修院，無奈受到當地主教與神父排擠，計畫化為烏有。國柏卻不失望，將兩名年紀較輕的修士留下來學中文，順帶觀察是否有發展機會；之後便帶著息拉與傑諾，繼續搭船前往日本。

通過嚴格的海關檢查後，國柏三人冒雨前往大浦天主堂，準備拜訪隔壁的主教公署。大浦天主堂位於面海高丘，坡度陡峭。他們的步履蹣跚，全身溼得好似落湯雞。國柏眼冒金星，咬緊牙關埋頭苦行。他的肺部長年遭受結核病侵食，爬起坡來特別辛苦，心悸到幾乎喘不過氣來。好不容易抵達坡頂，國柏抬起頭來，尚未來得及欣賞廣闊視野美景，迎面就先見到天主堂正前方的雪白聖母像，不覺熱淚盈眶：

「啊……無玷聖母親自來迎接我們！」

兩個月來飄洋過海的辛勞，在那瞬間消失殆盡。

三個小兄弟興高采烈地進堂祈禱，然後前往公署。那時候，早坂久之助主教②正好出遠門，留守的神父代為收留，讓他們落腳於公署二樓靠海的小房間。十天後，主教回來了。國柏立即前往拜會，自我介紹並說明來意，懇求主教許可他們在日本建立修院、發行日文雜誌。

2. 早坂久之助（Kyunosuke Hayasaka, 一八八三～一九五九），出身日本宮城縣仙台市，是史上第一位日籍主教，任職於長崎教區。

4人の修道士を伴ってコルベ神父は東洋布教に旅立つ。左から2人目がゼノ修道士（1930）
The members of leaving for Asia. The second from left is Br.Zeno, Fr.Kolbe(middle). (1930)
콜베 신부는 4명의 수도사와 함께 동양선교를 떠났다. 왼쪽에서 2번째가 제노 수도사. 가운데 콜베신부 (1930)
Seibonokishi

從波蘭出發的五名聖母騎士，中央為國柏，左二為傑諾（攝自長崎本河内聖國柏紀念館）。

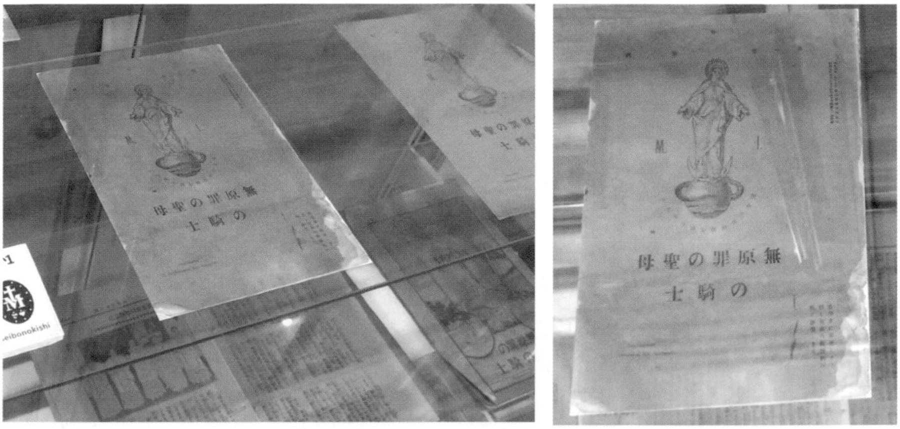

日文版《無玷聖母騎士》（攝於長崎本河內聖國柏紀念館）。

1933 年從波蘭聖母城引進日本的折頁機，在那之後持續使用了將近四十年。

「發行雜誌？你的日文程度如何？」

「幾乎一竅不通。」

「另外兩位修士呢？他們會說日語嗎？」

「比我還糟。」

「呃……這樣……怎麼能發行日文雜誌？」

「我會用拉丁文、德文、法文、義大利文、俄文、波蘭文撰稿。之後，聖母將會幫我們找到翻譯者。所以，請主教許可。」

國柏回答得靦腆卻不膽怯。他謙恭地交握雙手，溫和地望著早坂主教。主教面對如此天真無邪、宛如赤子的眼光，大感詫異。他遲疑了半晌，忽然想起國柏的履歷：

「你有神學與哲學的博士學位？」

主教剛從四國回來，目的在於為神學院尋找師資，奔波多日卻無功而返。於是，他與國柏「交換條件」，請他擔任教職，以換取創辦日文雜誌的許可。國柏欣然從命。

事既已定，國柏馬上前往大阪，買回一部手動式印刷機和十四萬五千個日文

活字，開始任教與寫稿的忙碌生活。很快地，國柏口中「聖母將代為尋找」的翻譯者如雨後春筍般出現，包括神學院的學生、前來學德文的醫生、牧師、基督教友人、義大利神父……等。因著這些恩人的慷慨協助，國柏等人抵日僅僅一個月後，日文版《無玷聖母騎士》正式創刊，首刷一萬本。

從那時起，長崎街頭開始出現新的風景：兩名身穿黑衣、腰繫白繩的外國人站在鬧區，用極為蹩腳的日文分贈藍皮小冊子。

三名修士中，傑諾的日文程度最為「兩光」（靠不住），分贈雜誌的「業績」卻出類拔萃。每次看見人來，傑諾總會興高采烈地迎向前去，沒頭沒腦地問：

「你有沒有『迷信』（Mei-Shin）啊？」

對方多半瞠目結舌，本想置之不理，卻又難以抗拒那雙和善的藍眼睛。比手畫腳了老半天終於發現，原來傑諾要的是「名片」（Mei-Shi），好能免費寄送下一期月刊。謎底揭曉，哄堂大笑，氣氛頓時融洽了起來。後來，被傑諾帶回修院的大量「迷信」，多半成為《無玷聖母騎士》月刊的忠實讀者。

長崎大浦天主堂。。

創業維艱

六月初，國柏等人租用了一棟廢棄的診所，作為創建正式修院前的臨時居處。那棟老舊的木造洋樓，實為「聖母的騎士」在日本扎根的搖籃。

樓房距離大浦天主堂不遠，寬敞而高大；一樓放置印刷機，二樓充當寢室。修士們家徒四壁，將包裹機器的草蓆鋪在地板上和衣而臥，隔天起床後臉上手上盡是又腫又癢的紅疱。這些可憐的波蘭人，在高緯度的家鄉從未見過蚊子，不知該如何應付，只好用手帕包著頭臉就寢，卻完全抵擋不了蚊群的猛烈攻擊。後來，日本教友不忍心見他們天天滿頭疱，趕緊代為添購蚊帳，這才改善了修士們的睡眠品質。

國柏曾在信中提及當時的窘況：

「遷居當日的午晚餐是麵包、香蕉與白開水。問題堆積如山，我們沒本事整理日文活字，只好隨意散置於地。目前組裝了一部手轉式印刷機，還買不起裁紙機和裝訂機。這裡的印刷用紙昂貴得驚人，我們快沒錢了……。」

負責伙食的傑諾修士找來一只舊陶爐，天天在陽臺上搧風點火，將食材一股

腦兒倒進鍋內烹煮「雜八湊」。那鍋含糊不清的「日用糧」，漂浮著四處討來的雞骨、牛骨、豆渣、菜葉、麥粒……無論色香味都令人不敢恭維。「廚房」露天，烹調時萬一下雨，原已稀薄的湯水更會自動「增量」。他那不拘小節的廚藝，經常讓水土不服的修士們叫苦連天。國柏神父卻不然，他的信念一向是：

「神職人員不該談論食物。嚐得出食物好壞，表示他還不夠成熟。」

國柏嚴以律己，對於擺在眼前的食物只有感謝，從不挑剔。其實，舉凡味噌、年糕、蒟蒻、魚板、海帶、生魚等普遍的日本食材，他連一樣也吃不慣。雖然如此，每逢週五守齋日，國柏卻總是規定自己用極不拿手的筷子吃日本菜，藉著日常的刻苦鞭策自己。

偶爾，騎士們也能享受「大餐」。

除了教友好心捐贈的碎牛肉或豬油外，「盛宴」的主角多半是沙丁魚。長崎自古住著許多福建僑民，嗜食豬肉，而豬飼料的主要成分正是沿岸盛產的沙丁魚。因著這個特殊的市場需求，國柏等人常能以廉價購得新鮮的沙丁魚。將那些指頭大的小魚用火烤了，配上乾炒大麥與清湯，宛如過節。

讓波蘭修士最感頭疼的日文活字（攝於長崎本河內聖國柏紀念館）。

幾個月後，原本留在上海學中文的西蒙和錫林來到長崎，再加上從波蘭聖母城新派來的兩名修士，人口頓增。

傑諾用廢棄的木材釘製了餐桌和幾張小凳，以供「七騎士」親密地圍桌共食。有一回，研究隱藏基督徒歷史②的學者田北耕也先生受邀同席。用餐時，只見傑諾高高興興地起身，擱下啃了一半的麵包，從口袋裡掏出許多皺巴巴的紙片，說要請田北先生翻譯。那時候，國柏正急著尋找適合興建修院的土地，連日派遣傑諾四處詢問。問題是，傑諾的日文程度僅限於「太貴」、「便宜點」、「好」、「不好」、「這裡」、「那裡」幾個單字，根本無法溝通。他事先請朋友在紙上以日文寫著「我要買地」，逢人便笑瞇瞇地遞上前去；而那堆揉成一團的紙條，就是人們給他的「回應」。田北先生強忍笑意，將它們一張張攤開來翻譯：

「下次帶會講日文的人來！」

「笨蛋！笨蛋！笨蛋！」

「講日文！」

「聽無啦！」

2. 編按，自日本幕府禁教後，部分基督徒僞裝改信佛教。在一八七三年日本解除禁令後，有部分隱藏基督徒回歸天主教會。參見作者所著《沉默之後》（星火文化）。

騎士們一聽，全都捧腹大笑。其中，笑得最開心的竟是傑諾修士。正因他那百折不撓與樂天開朗的個性，後來竟真的問到一塊適合興建新修院的好地。無論如何，修士們貧窮卻歡樂的餐桌，總是讓來客印象深刻。

為了節省經費，日文版《無玷聖母騎士》月刊從第三期起，改由修士們親手印製。那想必是有史以來最窮困的「印刷廠」，空蕩蕩的房間裡有的只是當初國柏從大阪買回的手搖式印刷機和日文鉛字，至於摺頁、裁切、裝訂……等繁雜的工程，一切全靠手工。修士們每天摺上三千張內頁，直至指頭染血。長崎的氣候潮溼悶熱，他們卻只有一件從波蘭帶來的毛料會衣，簡直就像套著蒸籠幹活。因此，印刷間的木頭地板上總是結著一圈圈細砂似的鹽粒，全是修士們滴下的汗水結晶。

話說回來，最讓他們困擾的卻不是肉體的辛勞，而是「日文」這堵難以跨越的高牆。活版印刷最勞心費神的工程，恐怕是從密密麻麻的字架中撿選出需要的鉛字。當時擔任撿字工作的主力，是在上海學了幾個月中文、對漢字較為熟悉的西蒙和錫林。他們每天清晨五點起床，祈禱後便捧著《漢和大辭典》一筆一畫對照著挑字，往往工作到半夜卻僅有一行半左右的成果。箇中辛苦，筆

在書桌前振筆疾書的國柏（攝於長崎本河内聖國柏紀念館）。

墨難以形容。

備受祝福的好地

一九三一年三月，國柏買下彥山山腰上的七千坪土地。

彥山位於長崎東側市郊，高約四〇三公尺。據說，當地掩埋著許多禁教時期被殘殺的基督徒。山坡上雜草叢生，陰森可怖，人人避之唯恐不及。因此，國柏得以用廉價購得興建修院所需的廣大土地。雖然如此，修士們視察過該地後，卻不免洩氣：

「位置這麼偏僻，交通不便，又坐南朝北。」

「全是山坡，沒有適合建築的平地。」

「四處都是藤蔓雜草與竹林，未免太荒涼。」

國柏的看法卻不一樣：

「日本是群山的國度，在這裡打造一座山上的修院，豈不是因地制宜？缺乏平地？那就向日本人學習怎麼在坡地蓋房子吧。這是一塊再好不過的土地，可以興建聖堂、修院與學校，也能在山頂修築聖母泉。再說，這裡葬著許多慷慨致命的殉道者。對我們而言，難道不是備受祝福的好地？」

修士們聽了，各個心悅誠服，齊心協力地準備打造新居。當時，他們還不知道，幸虧位置偏遠又有其他丘陵相隔，十四年後當美軍在長崎浦上地區投下原子彈時，修院因此逃過一劫，所受損傷僅止於碎裂的玻璃窗。

眾人捲起衣袖，仿效日本工匠將捲成條狀的汗巾綁在額上，開始砍草伐樹，開疆拓土。通往亂葬崗的小徑旁，原有一尊立於巨岩頂端的地藏王菩薩。他們將石像遷移至山底後，竟在原址挖出一枚古老的十字架。經專家研究後證實，那是

從地藏王菩薩腳底下挖出的禁教時期文物。

修士們與當地木匠一起興建聖母騎士修道院（攝於長崎本河内聖國柏紀念館）。

三百多年前禁教時期的珍貴文物，極可能是某位殉道者的陪葬品。驚人的發現讓修士們雀躍不已，更加堅信那裡是天父為他們揀選的福地。

一九三一年五月十六日星期六，聖母的騎士們揮別大浦地區的洋房，緊跟在運載印刷機的馬車後，一步步走向四公里外的新家園……。

第六章

準備、工作與受難

建立於山坡上的聖國柏紀念館（長崎本河內），前為展開雙臂的聖方濟銅像。

節錄：「微笑的祕訣」／永井隆①

長崎市本河內彥山的山麓上，有一座「聖母騎士修道院」。直到昭和十年（一九三五年）左右，人們才漸漸意識到它的存在。

我初訪該處時，國柏神父正在房內伏案而坐。那地方美其名為「房」，實際上卻是僅容得下兩三人的陋室，我甚至以為那裡是儲藏間。房內除了十字架、聖母像、聖經、祈禱書、文件與紙筆外，幾乎沒有其他物品。神父敞開雙臂，好像全身都在微笑似地迎接了素未謀面的我。他的手掌又大又熱，恐怕帶著三十八度以上的高燒。我大吃一驚：

「您病了嗎？」

「醫生，請您看看好嗎？」

神父面不改色，溫和地笑著說。於是，我掏出聽診器來為他檢查，結果讓我更加驚愕：

「不好了，神父！您的兩邊肺部都被結核菌侵蝕了，非常嚴重，得趕緊進行療養才行。」

1. 永井隆博士（Takashi Nagai， 一九〇八 - 一九五一），天主教徒。出生於日本島根縣，二十歲進入長崎醫科大學就讀，長期研究放射線醫學，因而罹患血癌。一九四五年六月診斷出已是癌症末期，僅剩三年餘生。同年八月，因長崎原子彈爆擊而身受重傷，與愛妻死別。一九四六年起病重臥床，留下大量著作，呼籲「愛人如己」與「和平」。一九五一年五月一日過世。編按，作者譯有永井隆著《原子彈掉下來的那一天：37 個孩子的手記》（上智出版社）。

神父依然微笑，靜靜地說：

「謝謝您，醫生，您真是名醫。的確，我曾在羅馬、波蘭和其他國家就醫，當地名醫所說的也和您一模一樣。嗯……大約從十年前開始吧，診斷結果就沒變過。」

「甚麼！已經十年了！」

我禁不住驚呼，重新定下心來仔細觀察。這才發現神父的臉上雖然掛著微笑，呼吸卻顯得吃力。透過聽診器傳來的激烈喘鳴聲在我的耳中繚繞，揮之不去。國柏神父長年背負著如此重病，竟能奔走世界，致力於繁忙的聖母騎士福傳工作；而他的病情十年來維持現狀，既沒惡化也未好轉。這些情況，都難以用醫學常識來解釋。被結核菌侵蝕的五分之四肺部已經失去正常功能，再加上從不間斷的高燒……若換成一般人，早就因為呼吸困難而臥病在床了。

我感到十分疑惑，偏頭苦思。神父似乎看穿了我的不解，笑著舉起繫於腰間的玫瑰念珠，快活地說：

「是這個。我靠的全是這個。」

摘譯自《原子野錄音》聖母文庫出版／永井隆著

認識國柏神父的人，對他的印象總脫不了溫暖、謙和與微笑。

有人說，聽告解時的國柏和藹可親，好似溫柔撫慰愛子的母親。也有人說，國柏對待修士宛若慈父，從來不曾發怒或說出傷人的重話。神學院的學生們憶起老師，總是驚嘆於他的耐心與風趣，不厭其煩地以淺顯的比喻傳遞真理的奧祕。

有一次，年輕的羅慕德修士臥病在床，身心飽受煎熬。國柏想盡辦法為他解悶，遂將雙手攏在袖中，一臉神祕地前來探病：「孩子，你想瞧瞧『世界還沒見過的東西』嗎？」羅慕德修士好奇不已：「想，當然想！」國柏於是抽出手來，露出握於掌中的生雞蛋。只見他「叩！」地一聲敲開蛋殼，笑咪咪地遞上前說：「哪，就是這個。剛才，世界還沒有看過這顆雞蛋的內部。」直到晚年，羅慕德修士還清楚記得恩師那充滿哲學思考的幽默感。

有趣的是，國柏的微笑固然令人如沐春風，相片中的他卻總是眉頭深鎖、雙唇緊閉、神情肅穆，往往讓不識者產生「不苟言笑、難以親近」的印象。關於這點，與國柏長年共事的謝爾爵修士笑著解釋：「神父之所以繃著臉，純粹只是出於緊張，在鏡頭前怯場罷了。」畢竟，當時攝影技術尚未普及，對於庶民而言還是充滿未知的神祕新科技。

國柏不僅「害怕」照相，更「害怕」打針。

這位可敬的神父體弱卻過勞，渾身是病。除了前述的肺結核與高燒外，更長年飽受頭痛、咯血、失眠、神經失調、營養不良、皮膚囊腫、腹痛……等折磨，簡直就像一部疾病的百科全書。他經常得接受緊急注射治療，可說是醫院「常客」。問題是，國柏天生害怕打針，只要看到醫師舉起針筒，就會不由自主地打顫，臉色蒼白，冷汗直流。陪伴

長崎本河内聖國柏紀念館内部（左端相片中人物為傑諾修士）。

長崎本河内聖國柏紀念館中央的「國柏神父的房間」。

就醫的年輕修士見他每次見針就抖個不停，忍不住打趣：「神父，這事沒辦法，別人幫不了忙，只能靠您自己忍耐啊。」國柏從未辯解，垂目低首，羞怯地笑得像個小男孩。

怕照相、怕打針……，這些充滿人性的「弱點」瑕不掩瑜，反而讓國柏這位聖人更顯親和。

聖母的牛奶糖

彥山山麓本河內的聖母騎士修道院，奠基至今已過九十載。寬廣的境內除了修院、聖堂、出版社、聖物店、以及國柏在後山開設的聖母泉外，另有高中及幼稚園兩所學校，頗負盛名。修院一隅設有「聖國柏紀念館」，展示聖母騎士的相關物品免費參觀。

紀念館的正中央有個木造小房間，擺放著國柏神父使用過的桌椅。那組樸實的木製桌椅出自傑諾修士之手，做工正如其人，不拘小節卻扎實耐用，是唯一能見證草創初期艱困歷史的珍貴文物。在長崎的六年期間，國柏除了教學和撰稿外，幾乎天天坐在那張書桌前振筆疾書，四處寫信「要錢」。

「我們沒錢，只好去公共汲水場取水。天氣一熱，汲水場四周常見上半身打赤膊的婦女，難以入目。若要接引自來水管進修院，又得花上一百三十元……。」

「修院後部緊鄰山崖，不打通就難以採光；再加上梅雨時節，泥漿老是沿著山壁灌入屋內，很傷腦筋。我們人少，分身乏術。若要雇人幫忙處理，得花兩百塊錢……。」

「手邊只剩六十八塊錢了。繳不起電費，只好靠手動操作印刷機。今天有一名修士咯血，恐怕得了肺病……。」

「我老是寫信要錢，肯定讓您厭煩。但是，我們真的亟需用錢，這裡卻又找不到可以商借資金的人。修院的牆壁處處是裂縫，尚無餘力興建圍牆……。」

本河內修院草創初期，生活費幾乎全仰賴波蘭母院的資助。國柏的弟弟亞豐索神父接管聖母城時，尚能穩定支援兄長的海外福傳事業；無奈國柏赴日不久後，亞豐索就因病猝逝。另一方面，日文版《無玷聖母騎士》月刊的訂戶固然穩定成長，收入卻絲毫未增。因為，國柏創辦雜誌的理念在於福傳而非營利，堅持以低於成本的推廣價販售。關於雜誌定價，可由下述插曲略見端倪：

有一回，國柏用德文問歷史學者田北耕也先生：

「日本政府到現在還在迫害基督徒嗎？」

「甚麼？發生了甚麼事？您怎麼會這麼想？」

「我申請『第三種郵便物』（日本郵政中適用於定期發行出版物的特殊郵資）已經超過五個月了，到現在還沒得到許可。」

「不被核准，肯定有理由。這樣吧，我和您一起去郵局問問。」

長崎郵局的分局長見到終於來了個可溝通的人，如釋重負。他急切地說：

「唉呀，無論我怎麼解釋，這位外國先生就是聽不懂……他堅持把雜誌的價格訂為兩分錢②。郵資本身就要兩分錢，扣掉後不就等於免費贈送？問題是，『第三種郵便物』只適用於有償出版品，不包括免費雜誌啊。任憑我說破了嘴，

2. 一九三〇年代的日幣幣值，若對照物價變動換算成今日的臺幣，日幣「兩分錢」約爲臺幣十元，日幣「五厘」則不到臺幣三元。

國柏神父的「長崎日記」（攝於長崎本河内聖國柏紀念館）。

就是無法讓他明白……。」

真相大白後，國柏點頭說：「那就把雜誌訂為兩錢五厘吧。」

「五厘……，」田北先生說：「這種價位太奇怪了。」

國柏低頭沉思許久，好不容易才說：「沒辦法，就訂為三分錢吧。但是相對的，雜誌的頁數也得大幅增加。」

草創時期的聖母騎士修院空間優先用於印刷事業，修士們只能在狹窄的閣樓打地鋪。屋頂的瓦片參差不全，仰頭就能看見星空，雨雪則直接穿堂入室。身材高大的修士睡迷糊了，起身時往往一頭撞上橫樑。

廚房的設備簡陋。有一回，早坂主教前來探視，國柏吩咐當日負責伙食的修士準備餐點迎賓。問題是，修院不僅食材匱乏，也沒有像樣的餐具或足以待客的座椅。伙食修士苦惱得不知如何是好，最後竟然乾脆「離家出走」，躲到竹林中逃避現實。

每當有人上門討債，接待者往往是傑諾修士。只見他友善又熱誠地迎接債主，問心無愧地攤開空空的雙手，拼湊著有限的日文單字說：

國柏神父使用過的桌椅（攝於長崎本河内聖國柏紀念館）

「對不起……沒錢……瑪利亞……還沒……送錢來……請再等一等。」

後來，某位紙廠員工忍無可忍，破口大罵：

「瑪利亞，瑪利亞，那個叫瑪利亞的傢伙到底在哪裡？又是多有錢的大金主？我已經來三次了，每次都得到同樣的回答！」

這群彥山山麓的小窮人一無所有，過得青黃不接。除了實質生活的匱乏外，國柏個人還得面對病痛、過勞、水土不服、孤獨、誤解、弟兄不合、理念衝突等身心折磨。在長崎的六年生活，對他而言宛如修煉期，每個時刻都是練習致命的準備。他曾在信中寫道：

「如果說，波蘭的聖母城內藏著一隻魔鬼，這裡恐怕有十隻！因為，魔鬼很清楚我們來日本的目的……。」

儘管如此，國柏在客觀描述完艱苦現狀後，卻總能將視線拉向更高的境界：「讚美聖母！五月中，她天天給我們『牛奶糖』吃。」

在那物質短缺的年代，牛奶糖可說是最甜蜜的奢侈品，象徵著痛苦後的撫慰與滋養。苦痛本身並非價值，願意為愛受苦的勇氣與力量卻是來自上天的賞賜，亦是至大的恩寵與甘飴。國柏從未具體描述「聖母的牛奶糖」為何，卻因那神祕的恩賜走得愈加堅定，在痛苦中不失微笑。

風雨前的寧靜

一九三六年春天，國柏奉命返回波蘭參加管區會議。

離開日本前，他似乎知道自己將一去不回：「現在，世界好似風雨前的寧靜。雖然如此，對於我們這些已將自己奉獻給聖母的人而言，無論將來發生何事，頂多就是交出性命而已。即便致命，對我們而言也是好事。」

途經上海時，國柏寫信給

留在長崎的弟兄：「親愛的孩子們，當船逐漸遠離港岸時，我的心中浮起一個念頭：或許這是看這片土地的最後一眼了。想著想著，不覺熱淚盈眶……。」

管區會議的結果是，國柏再次被任命為波蘭聖母城的修道院長。那個決定出自長上的好意，因為國柏的肺結核嚴重惡化，經常咯血，健康狀況已不堪繼續留在潮溼悶熱的日本。新任命讓國柏很感為難，因為他原渴望葬身於殉道者的國度，也放心不下在長崎孤軍

奮鬥的弟兄。但是，他依然柔順地接受了長上的安排，從此留在煙硝味漸濃的波蘭。

特雷辛村的聖母城與高采烈地迎睽違六載的創始人。當時可說是聖母城的全盛時期，修院規模蓬勃發展。院內住著將近七百名修士，幅員廣闊，甚至得靠自行車代步聯繫。國柏卻不醉心於聖母城的成功，反而時時告誡：「戰火已迫在眉睫，我們該做好心理準備。」他更頻頻寫信提醒長崎的修士們：「戰爭一旦開始，這裡的經濟援助隨時可能斷絕。你們要及早做好自立的準備。」

一九三九年八月底，國柏在講道中對弟兄們說：

「人生可分為三個階段：準備、工作與受難。不久後，我即將步入第三階段，我不知道自己將會在哪裡、被甚麼人、以甚麼方式對待……無論如何，我卻願意死得像個聖母的騎士，也希望你們都能如此。試想，哪裡還有比這更貴重的使命？耶穌不也說過，再沒有比為朋友捨命更大的愛情了。」

九月一日清晨，德軍由北、南、西三方向入侵波蘭。

黑暗的時代降臨了。

第七章 最後的苦路

一九三九年九月一日清晨，德軍入侵波蘭。

聖母城距離華沙僅四十五公里，首當其衝。國柏遵照上級指示遣散大部分修士，鼓勵他們說：

「再會，親愛的孩子們。我恐怕看不到戰爭結束，無法於此世和你們相見了。無論如何，請千萬記得，聖母城就在你們每個人的心中。不要怕，只管信。」

德軍勢如破竹，不到三週便攻陷了首都華沙。黑壓壓的軍隊一舉湧入聖母城，打碎十字架與聖器，在昂貴的印刷器材上貼「禁止使用」封條，準備日後運回德國。聖母城被憲兵接管，改設為收容傷兵的軍事醫療所。除了兩名擁有醫師執照的神父外，包括國柏在內的其他人全被送往靠近德國邊境的安提撒（Amtitz）集中營。

修士們被裝入運送牲畜的車廂，在那密不通風又瀰漫異臭的狹小空間內，驚恐得幾乎失去理智。國柏見狀，笑著對大家說：

「各位，我們要去給德國人傳福音了，旅費還是對方付的喔。多麼幸運啊！」

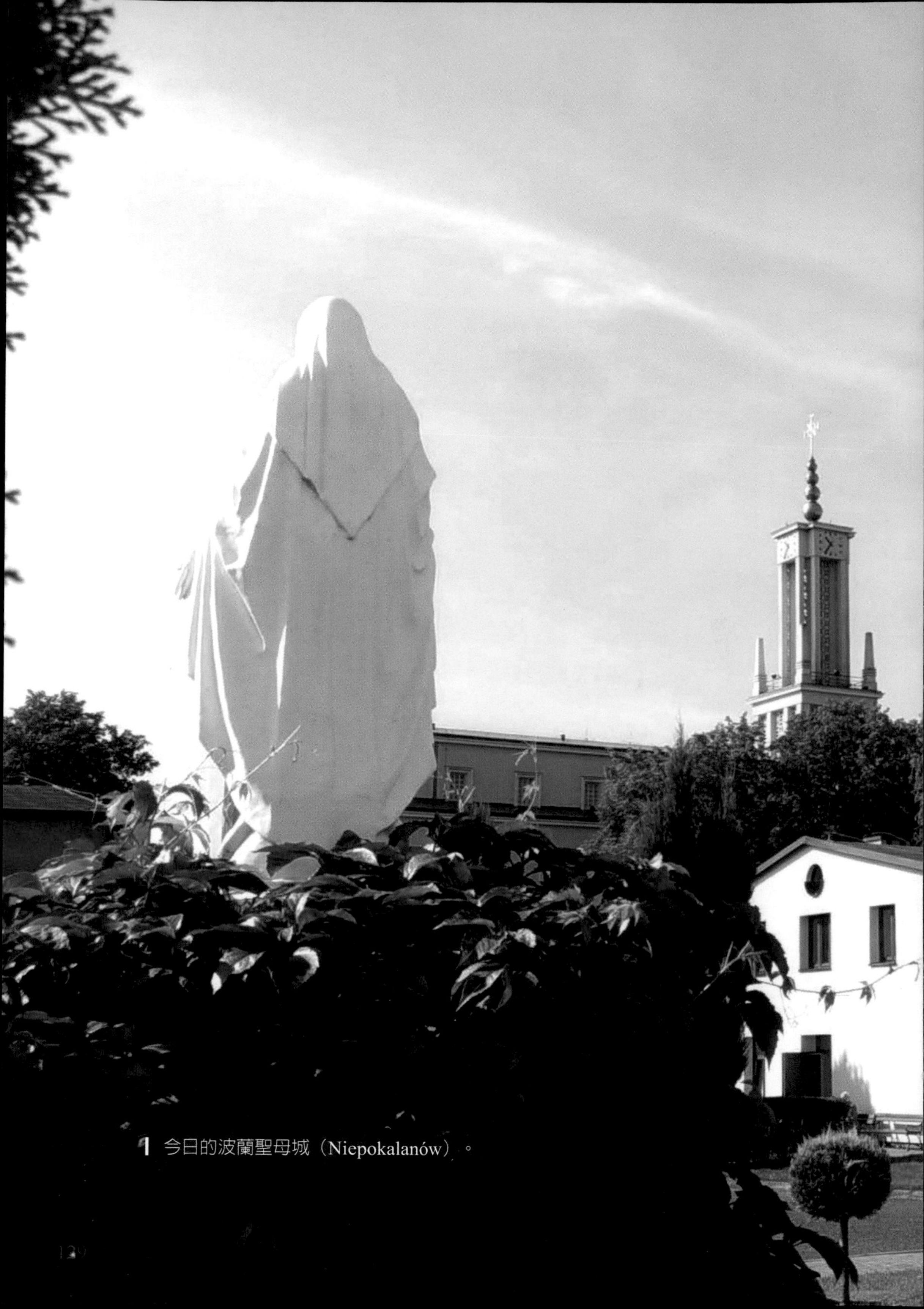

1　今日的波蘭聖母城（Niepokalanów）。

德軍用來搬運囚犯的牲口貨車箱。

眾人一聽，破涕為笑。修士們眼見敬愛的院長如此勇敢快活，頓時像服了定心丸，遂齊聲合唱聖歌，在平安中顛簸西行。

在安提撒集中營度過艱困的兩個月後，新上任的天主教徒營長出於善意，將聖母騎士們調往奧斯切舒夫城（Ostrzeszów）的收容所。那裡原是鮑思高慈幼會創辦的中學，被挪用為監禁罪犯與思想犯的集中營。被關在地下室的修士們固然還遭飢餓、苦役與蝨子所擾，整體環境卻較從前改善了許多。

十二月八日下午，他們忽然接獲釋放通知，被毫無理由地驅趕出收容所，就如三個月前被莫名其妙地逮捕一般。國柏帶著弟兄們輾轉返鄉，途經華沙時，首都大半已成斷垣殘壁，街道上四處可見被迫清理磚瓦碎石、衣上別著黃色六角星的猶太人。好不容易回到聖母城，修院早已滿目瘡痍；略有價值的物品全被偷光，聖像畫與雕像支離破碎。儘管如此，國柏的心中依然充滿感激之情。因為，十二月八日是天主教會慶祝「聖母無染原罪」的大節日，能在如此時機重獲自由，實為恩典。

返回聖母城後，國柏重整修院，申請召回四散的修士。他們收容大量難民、照顧傷患，成立修理農具、自行車、鐘錶的工廠，也開始製鞋、烤麵包、榨乳等生產業。那段時間的聖母城宛如芸芸眾生的避難所，在戰火中保有短暫的寧靜。德軍固然經常藉故騷擾，基本上卻採取著睜一隻眼閉一隻眼的放任態度，因為聖母騎士們勤於勞動生產，畢竟還有利用價值。

一九三九年聖誕，修士們烤了許多甜點小麵包與眾人同慶。過年時，國柏更特別為猶太難民舉行了猶太新年儀式（Rosh HaShanah）。舉行時機固然不真正符合猶太曆法，騎士們跨越宗教藩籬的愛情卻宛如荒漠甘霖，滋潤了飽受迫害的猶太子民乾渴的心靈。他們離開聖母城前，含淚感謝這個充滿平安的庇護所，請求修士為自己舉行感恩彌撒，並誠摯許諾「戰爭結束後必會寫信聯絡」。在那之後，聖母城從未收過任何報平安的消息，沉默的原因恐怕並非猶太人失信。

一九四一年二月，國柏接到一張匿名請款單。

請款單是避人耳目的通訊方式，寄件者是在德軍司令部工作的波蘭人，事先警告國柏即將被捕的消息。國柏得訊後一如既往，並未試圖脫逃。

二月十六日傍晚，國柏邀請五位長年共患難的修士共進晚餐。他準備了小蛋糕與蘋果皮泡的茶，在席間講述三位一體的奧蹟與聖母相關信理，並再三鼓勵他們絕不能放棄祈禱。那頓不尋常的晚宴讓修士們頗感驚奇，後來才察覺那竟是國柏的告別，是他與弟兄們共進的最後晚餐。

隔天上午，兩部鑲著納粹軍徽的黑色轎車駛進聖母城。

接獲通知時，國柏正在院長室口述雜誌文稿。謄稿修士目睹國柏稍微顫抖了一下，馬上恢復平靜，不疾不徐地下樓迎接。祕密警察掏出逮捕名單，對照後不解地問：

「Kolbe……Kolbe……這個姓應該是德國人吧？」

當時，擁有德國血統可是珍貴的保命符。許多人為了求生無所不用其極，想盡辦法改名或偽造證件，國柏卻不然：

「幾代前的祖先或許來自德國。但是，我是在波蘭出生的波蘭人。」

於是，包括國柏在內的五名神父被押解上車。經過十天的嚴格審訊後，他們被送往收押政治犯的華沙巴維亞監獄（Pawiak）。

有一天，巴維亞監獄的負責人前來巡視。那名軍官是誓死效忠希特勒的親衛隊員，極端厭惡修道士與神職人員。他一看見國柏身上的方濟會衣，便怒火中燒地撲上前去，惡狠狠地扯下他腰間的玫瑰念珠，揪住尾端的十字架大吼：

「這傢伙，蠢蛋！白癡！你信這玩意嗎？快回答！」

「是的，我信。」國柏平靜地說。

軍官狂怒，揮拳重擊國柏臉頰：「現在還信嗎？」

「是的，我信。」回答來得更為堅定。

軍官暴跳如雷，附了魔似地拳打腳踢。國柏頓時鼻青臉腫，血流滿面；身體搖搖欲墜，卻還是用幾乎睜不開的雙眼溫和凝視對方，一次又一次說：

「我信，我永遠相信。」

國柏終被打倒在地。軍官舉起穿著厚重軍靴的腳，毫不留情地又踹又踢。最後，他總算領悟到暴力無法達成目的，遂怒氣衝衝地奪門而出。同房囚犯湧上前來攙扶，國柏卻柔聲安慰眾人：

「別難過。你們擔心自己的事吧，無須為這點小事煩憂。我把一切痛苦獻給無玷聖母。」

後來，獄警給國柏一套囚服，換下那件「刺眼」的會衣。波蘭籍醫師則想盡辦法將國柏調入病房，保護他免受親衛隊員迫害。

五月二十八日，包括國柏在內的三百人被裝入牲畜貨車，運往惡名昭彰的奧斯威辛（Auschwitz）集中營。

奧斯威辛集中營

奧斯威辛位於波蘭南部，距離古都克拉科夫（Kraków）不遠，乍看下與其他寧靜的農村並無兩樣，卻在納粹政權的操弄下化為人類史上最駭人聽聞的「死亡工廠」。

奧斯威辛集中營之比克瑙營區。

奧斯威辛集中營正門的「工作使人自由」標語。

奧斯威辛集中營正面大門。

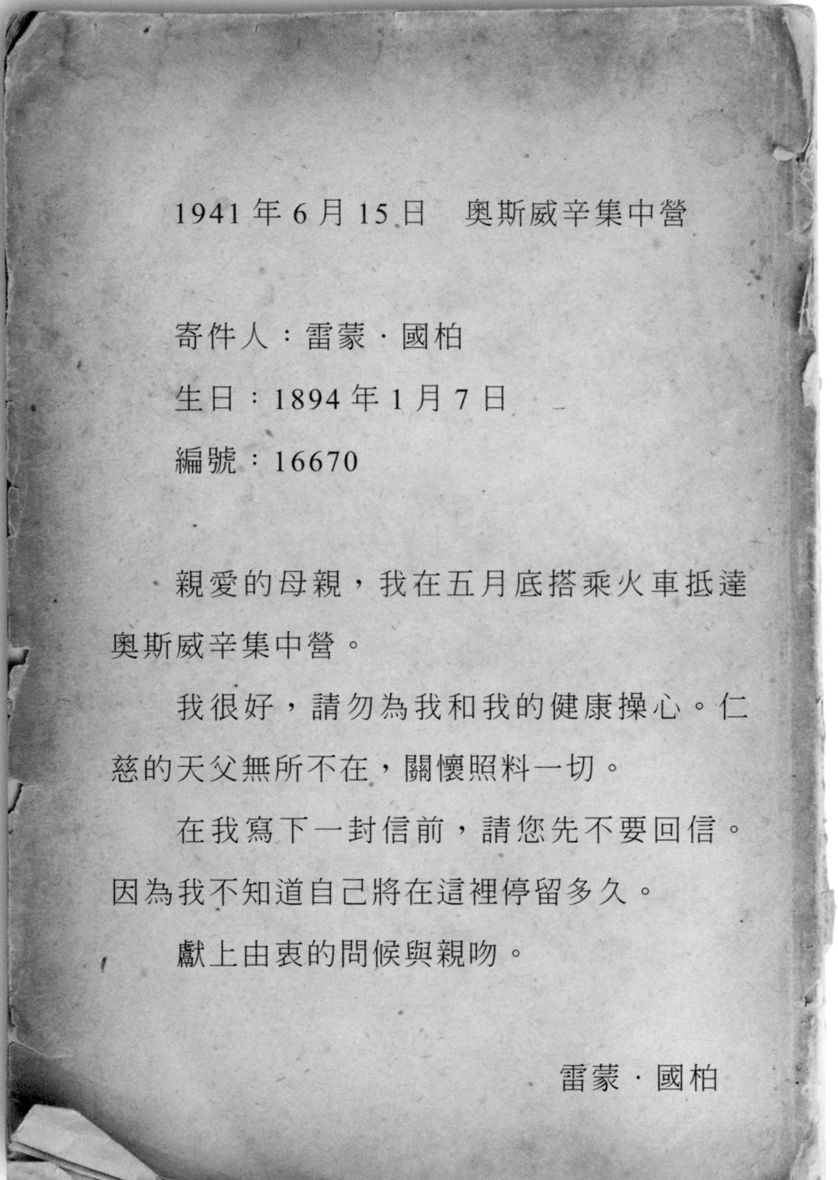

1941 年 6 月 15 日　奧斯威辛集中營

寄件人：雷蒙 · 國柏

生日：1894 年 1 月 7 日

編號：16670

親愛的母親，我在五月底搭乘火車抵達奧斯威辛集中營。

我很好，請勿為我和我的健康操心。仁慈的天父無所不在，關懷照料一切。

在我寫下一封信前，請您先不要回信。因為我不知道自己將在這裡停留多久。

獻上由衷的問候與親吻。

雷蒙 · 國柏

那片高壓電網重重包圍的廣大土地，曾經陸續送入至少一百三十萬人，生還者卻僅達一成。稍有力氣的人被當成牛馬操勞至死，沒有利用價值的老弱婦孺則打從一開始就被「處理」殆盡。死者的金牙被挖出，毛髮被編成地毯，脂肪被製成肥皂，運往歐洲各處販售。

集中營的正門高懸鑄鐵標語「Arbeit macht frei」（工作使人自由）。事實上，想要活著離開卻比登天還難。入營後最先得到的「問候」，是納粹冷酷的訕笑：

「除了焚屍爐的煙囪外，你們沒有其他管道出去。」

通過生死篩選的囚犯被剝去衣服，剃光鬚髮，在手臂刺上取代名字的編號。然後在德軍嚴格的監督下書寫粉飾太平的家書。國柏寄給母親的短信，成了他從奧斯威辛傳出的絕響。

國柏首先被送入十七號囚舍。那裡主要收容神職人員，被迫搬運屍體、運送興建焚屍爐的石材、或到荒林伐木填沼造地。監工克羅特性格殘暴，以折磨囚犯為樂，總是命人扛著重物在坑坑洞洞的泥地上「不准走，只准跑」。若是跌倒，就得挨上一頓重鞭。

奧斯威辛集中營的成年囚犯每日的食糧配給量。

人視監工如老鼠見貓，膽戰心驚；克羅特則頗為享受威權營造的恐怖效果。唯獨國柏不受掌控，總是一貫的謙和平靜，因此成為克羅特的眼中釘。有一天，他故意選了一株最巨大的樹幹，命令國柏揹著奔跑。國柏蹣跚地走了幾步，就被壓倒在泥水中。克羅特狂怒，撲上去又揍又踢：

「混帳！想偷懶？好，我就來教你甚麼叫勞動！」

他叫國柏趴在橫木上，命令最孔武有力的獄卒重打五十鞭，再將之棄於地洞，蓋上枯葉後得意洋洋地離開。收工後，人們將全身發青、氣若游絲的國柏運回營地，送入收容病人的「醫院」。

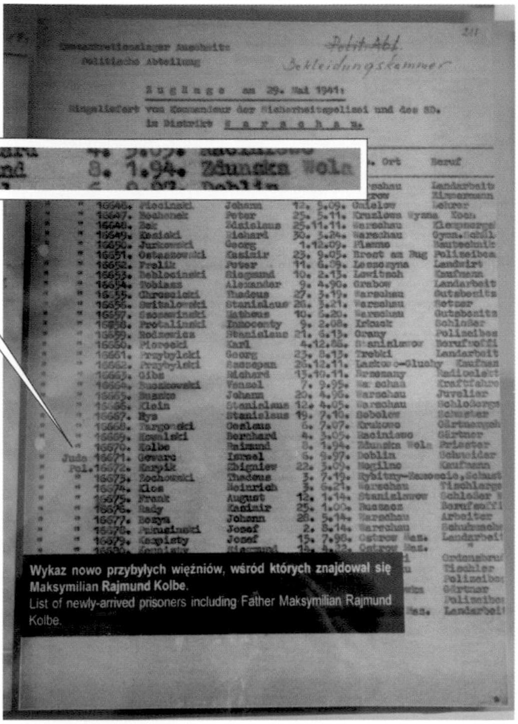

入營囚犯名單，可見 16670 號國柏神父的姓名、生日、出生地、職業（攝於奧斯威辛集中營博物館）。

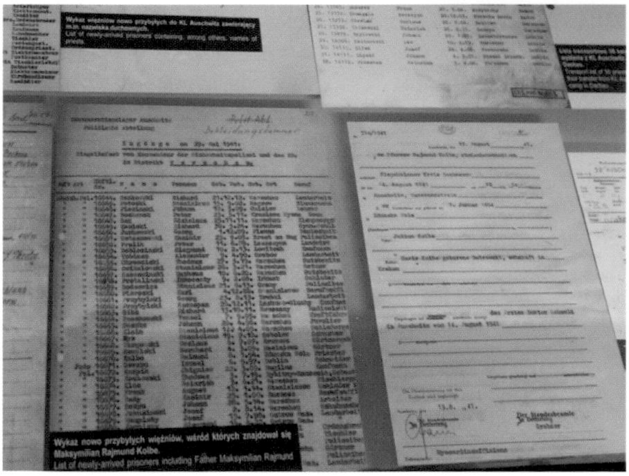

入營囚犯名單右側，可見國柏神父的死亡證明書（下段右一）。諷刺的是，證明書下方標註其死因為「心臟衰竭」（攝於奧斯威辛集中營博物館）。

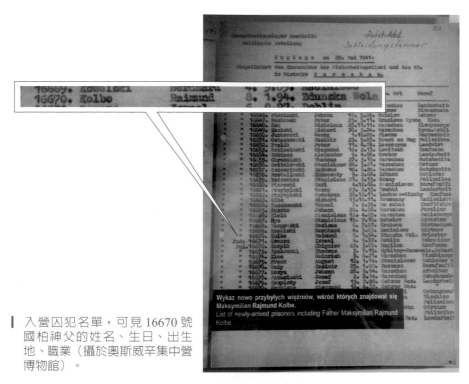

「醫院」有名無實，每張床上擠著三至四個病人，既不診斷也無治療，說穿了只是個「等死」的所在。雖然如此，脫免苦役折磨的國柏還是稍微恢復了體力。他自願睡在靠近出入口、條件最惡劣的床位，好能祝福被搬出門的亡者。除此之外，病人也會趁夜深人靜，偷偷爬到國柏床邊領受和好聖事①。國柏總是不吝給出慈母般的擁抱，以簡樸的言詞鼓勵：

「仇恨不能生出甚麼，唯有愛才是創造一切的原動力。痛苦不能讓我們屈服，卻能使我們變得更堅強……。」

出院後的國柏被送入收容傷殘病人的十二號囚舍。在那裡固然無須勞動，食物卻被減半。集中營內的食糧原已少得可憐，每人每天只能得到一小塊人造奶油和混了大量木屑的硬麵包、一碗用爛菜葉和蕪菁熬成的湯、和一杯號稱「咖啡」的黑色液體。標準配給量已是這般，減半後更所剩無幾。雖然如此，國柏卻還是經常將食物讓給「比我更需要的人」。

兩、三週後，國柏再度被調動。這一回，他被轉入專門處理農務的十四號囚舍，負責在廚房削馬鈴薯皮。

七月底的某天傍晚，點名時，十四號囚舍少了一人。

1. 和好聖事，又稱爲修和或告解聖事，是天主教會的七件聖事之一。懺悔者藉由省察、痛悔、定改、告明、補贖五個程序獲得罪赦，悔過向善，彰顯天主的慈愛。

奧斯維辛集中營中，沒收的生活用品堆積如山（攝於奧斯威辛集中營博物館）。

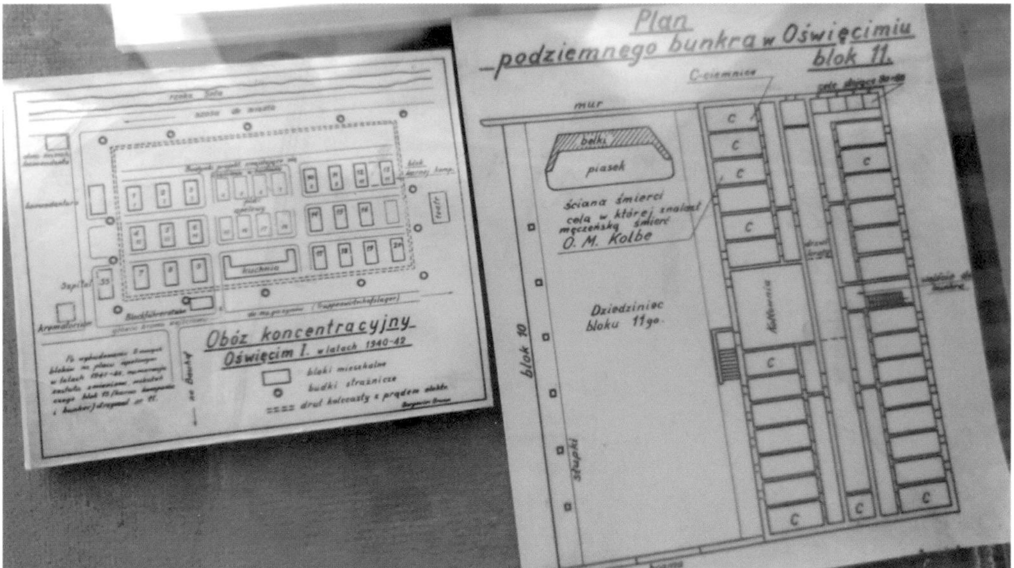

奧斯威辛集中營平面圖。右側為 11 棟牢房的地下室平面圖，特別標註國柏殉道之餓死牢的位置（攝於波蘭 Niepokalanów 聖國柏紀念館）。

恐懼壟罩了整個廣場。

依照納粹規定的連坐法，若沒找回逃亡者，就得殺死同房十人以資懲戒。十四號囚舍的所有人因此被罰站了一整日夜，滴水未沾，顫慄地等待搜查結果。

第二天傍晚，指揮官菲斯克（Karl Fritzsch）來到點名廣場，冷酷的眼中閃著殘虐的光芒。他輕蔑地看著眼前那群瘦骨嶙峋、形同鬼魅的藍白條紋衣身影，惡狠狠地說：

「有人逃走了，你們竟然沒有制止這件事發生。所以，你們中有十個人要被送進餓死室。其他人最好記清楚，下次可是二十人！」

菲斯克開始在行列間踱步，隨手指出十名代罪羔羊，讓副官記下號碼：

「你！」「你！」「你！」

中選者哀號哭泣，被毫不留情地拖往前方，剝去木鞋。其中一名囚犯失去控制，絕望地大聲嚎哭：

「啊啊……我的妻子！我可憐的孩子！」

那時候，隊伍中起了騷動。一名骨瘦如柴的囚犯離開行列，緩慢卻堅定地走向菲斯克。他的雙眼凹陷，目光溫和，鼻上架著碎裂的細圓框眼鏡，胸前的號碼

國柏殉道的十三號囚舍（現為十一號囚舍）。

國柏自願代人受死的點名廣場。

條寫著「16670」。

菲斯克從未經歷過如此冷靜的擅自行動，一時茫然失措。他死瞪著眼，忘了自己向來不與囚犯直接交談，呻吟般地咒罵：

「這個波蘭豬想做甚麼？你是誰？」

「我是天主教的神父。」

國柏摘下軟帽立正站好，伸手指向哭喊妻兒的囚犯，平靜地說：

「我要代替他死。」

西方天空懸著烈焰般的夕陽，將雲彩與點名廣場染得血紅。世界屏氣凝神，見證了奧斯威辛不曾有過的寂靜。

不知過了多久，菲斯克才猛然回過神來，勉強擠出沙啞的嗓音：

「好。」

面無表情的副官握著鉛筆，劃掉登記簿上的5659號，改填入16670。淚痕未乾的方濟．高尼切克（Franciszek Gajowniczek）②跌跌撞撞地歸隊，國柏則俯身脫下木鞋，與其他九人緩緩走向十三號囚舍③。

神聖的交換完成了。

2. 方濟．高尼切克（Franciszek Gajowniczek,1901-1995），波蘭籍軍人。二次大戰時被德軍逮捕，送入奧斯威辛集中營。在營中被判餓死刑時，國柏神父自願取代。戰後與妻子重逢，得知兩個兒子已在蘇聯轟炸下喪生。他起初隱姓埋名保持沉默，後來領悟出自己使命，終其一生見證國柏愛的殉道事蹟。享年93歲，安眠於聖母城墓園。
3. 奧斯威辛集中營十三號囚舍，即現存於奧斯威辛比克瑙集中營博物館的十一號囚舍。

奧斯威辛集中營十三號囚舍，在大量殺戮的瓦斯室完成前，是最讓囚犯望而生畏的地方。房舍本身被六公尺高的厚牆包圍，上層用來收押等待判刑的囚犯，地下則被隔成悶死室、餓死室、站死室、毒氣實驗室……等獨立牢房。守衛將國柏等人趕下樓，命他們脫下再不需要的衣物後，推入暗無天日的牢房，嘲諷地說：

「你們將會像鬱金香一樣枯萎。」

十三號囚舍的地下牢向來好比人間煉獄，永遠充滿瀕死者絕望的哀號與狂亂的哭喊聲，國柏進來後卻起了變化。德軍守衛無不驚奇：「我們從未見過像這樣的人！」當時擔任祕書兼翻譯員的波高維奇（Bruno Borgowiec）證實：

「地下室傳來熱切的祈禱與讚美聖母的歌聲，叫我感覺彷彿置身於教堂。國柏神父領頭，其他人應和。他們有時祈禱得忘我，連守衛來了也

不知，最終被咆哮制止。

德軍巡房時，一打開牢門，總會有許多囚犯哭著向他們討麵包。稍微能動的人要是敢靠近牢門，就會被狠狠踹上一腳。有人因此跌在地上斷氣，也有被一槍解決的。餓死牢的慘狀可從馬桶得知，房裡的馬桶永遠空空如也……那些人飢渴到極點，連排泄物都吃得精光……。

叫人敬愛的國柏神父正氣凜然，從未要求甚麼，也不曾抱怨過一聲。他總是鼓舞眾人，要大家不放棄希望。

到後來，他的祈禱聲越來越微弱。巡房時，只見其他人都已經倒在地上，唯獨國柏神父在房間中央或站或跪著祈禱，總是以溫和的目光迎接德軍。

國柏神父的眼神清亮，直透人心。親衛隊員往往難以承受，大吼：『低頭！不准看！』」

餓死牢的囚犯接二連三地死去，兩週後僅剩國柏與其餘三人。國柏的身體最為孱弱，肺部又長年受結核菌侵蝕，能夠活到最後實在令人驚奇。後來，德軍為了提升牢房的使用效率，遂下令「清空」。

八月十四日下午，一名德國軍醫奉命帶著四管石碳酸毒針，與翻譯員波高維奇一起來到地下牢。當他們走進充滿惡臭的餓死室時，國柏已經虛弱到無法站立，卻是四人中唯一意識清醒的。他看見軍醫手中的針筒，似乎領悟到即將發生之事，遂喃喃祈禱著伸出枯乾的左臂……。波高維奇再也看不下去，找了藉口倉皇逃離。

國柏伸手迎接毒針。

一九四一年八月十四日下午十二點五十分。

向來「害怕打針」的馬希連國柏神父主動伸手迎接致命毒針，結束了四十七年的短暫生涯。

在那之後，波高維奇奉命下樓「清理」牢房。進門時，只見國柏靠牆坐在地上，頭部微微左傾，表情祥和，面孔散發出奇妙的光輝。他的雙眼未闔，凝視著空氣中不知名的某處，彷彿還活著一般。波高維奇與同伴將國柏的屍體運到沐浴間，裝在木箱內，隔日送入焚屍爐。

奧斯威辛集中營的焚屍爐。

▎國柏神父殉道的餓死牢（掃描自奧斯威辛集中營明信片）。

▎奧斯威辛的聖者油畫（攝於波蘭Niepokalanów聖國柏紀念館）。

焚燒當天，正是天主教會慶祝聖母蒙召升天的大瞻禮日。被宰殺的羔羊成為全燔祭的無玷犧牲，化為輕煙裊裊上升。在那裡，有早已為他準備好的兩頂榮冠；一頂白得像雪，一頂紅得像血。

「孩子，你想要哪一頂？白色象徵貞潔，紅色代表殉道。」

「我都要！我兩頂都要！」

▎繪於 2013 年聖國柏瞻禮日。

國柏神父相關年表

一八九四年（〇歲）　一月八日，誕生於波蘭瓦拉村。國柏家次子。

一九〇七年（十三歲）　十月離家，與兄長進入盧歐的方濟會小修院就讀。

一九一〇年（十六歲）　九月四日，加入住院方濟會（OFMConv.），修道名為馬希連。

一九一二年（十八歲）　十一月赴羅馬，攻讀哲學與神學博士課程。

一九一七年（廿三歲）　十月十六日，成立「無玷聖母騎士團」。

一九一八年（廿四歲）　四月廿八日，於羅馬晉鐸，成為天主教神父。

一九一九年（廿五歲）　七月歸國。肺結核病發，開始療養生活。

一九二二年（廿八歲）　一月《無玷聖母騎士》月刊創刊。

一九二七（三十三歲）　十月於華沙近郊特雷辛村興建聖母城。

一九三〇年（三十六歲）　四月廿四日，抵達日本長崎。

一九三一年（三十七歲）　五月廿四日，日文版《無玷聖母騎士》月刊創刊。
五月於長崎彥山本河內興建「聖母騎士修道院」。
一九三六年（四十二歲）　五月歸國。被任命為波蘭聖母城的院長。
一九三九年（四十五歲）　九月德軍入侵波蘭。第一次被捕，送入安提撒集中營。
十一月轉送入奧斯切舒夫集中營。十二月八日獲釋。
一九四一年（四十七歲）　二月十七日，第二次被捕，送入華沙巴維亞監獄。
五月廿八日，轉送入奧斯威辛集中營。
七月底，自願取代方濟高尼切克接受餓死刑。
八月十四日，被注射石碳酸致命。
八月十五日，遺體被送入焚屍爐焚燒。
一九七一年十月十七日　由教宗保祿六世宣為真福（*Beato*）。
一九八二年十月十日　由教宗若望保祿二世宣為聖人（*Sanctus*）。

寫作參考資料

◆AA. –VV.（1978）。《16670號》。台北：慈幼出版社。

◆やなぎやけいこ（1994）。《愛の証し人　コルベ神父物語》。東京：ドン・ボスコ社。

◆マリア・ヴィノフスカ（1988）。《アウシュビッツの聖者コルベ神父》。長崎：聖母の騎士社。

◆川下勝（1994）。《コルベ》。東京：清水書院。

◆早乙女勝元（1983）。《優しさと強さと一アウシュビッツのコルベ神父》。東京：小学館。

◆小崎登明（1994）。《身代わりの愛》。長崎：聖母の騎士社。

◆小崎登明（1996）。《十七歳の夏》。長崎：聖母の騎士社。

◆小崎登明（1988）。《ながさきのコルベ神父》。長崎：聖母の騎士社。

◆小崎登明（2006）。《信仰の出会い旅》。長崎：聖母の騎士社。
◆永井隆（1989）。《原子野録音》。長崎：聖母の騎士社。
◆セルギウス・ペシェク（2016）。《コルベ神父さまの思い出》。長崎：聖母の騎士社。
◆セルギウス・ペシェク（1996）。《越えて来た道》。長崎：聖母の騎士社。
◆ダイアナ・デュア（1984）。《コルベ神父　アウシュヴィッツの死》。東京：時事通信社。
◆アントニオ・リチャアルディ（1982）。《聖者マキシミリアノ・コルベ》。長崎：聖母の騎士社。
◆西山達也訳（1984）。《母への手紙　アウシュヴィッツの聖者コルベ神父》。長崎：聖母の騎士社。
◆曾野綾子（1977）。《奇蹟》。東京：文藝春秋。
◆曾野綾子（1982）。《コルベ神父物語》。長崎：聖母の騎士社。
◆三浦暁子等（2000）。《10人の聖なる人々》。東京：学習研究社。

◆中谷剛（2012）。《アウシュヴィッツ博物館案内》。東京：凱風社。

◆ヤロスワフ・メンスフェルト（2017）。《追悼の場 Auschwitz-Birkenau案内書》。オシフィエンチム：国立アウシュヴィッツ－ビルケナウ博物館。

◆Michal Galek/Lukasz Poller（2013）。《Episodes from Auschwitz 3. Sacrifice》。O wi cim：Miejsce Pami ci i Muzeum Auschwitz-Birkenau。

◆Micha Kondrat（2017）。《DWIE KORONY》。Poland：Kondrat-Media。

本河內天主堂庭院裡的聖國柏雕像。

後記

二〇〇七年夏天，初次造訪長崎。

那時候，我剛領洗不久，極其渴望認識教會歷史。偶然得知長崎在日本信仰史上的位置舉足輕重，遂與繪本學校的恩師兼好友金田老師相偕成行。

行前蒐集相關資料時，發現了一個經常出現的名字「コルベ神父」（國柏神父）。

在那之前，我從未聽說過這一號人物，開始對他產生強烈的好奇心：馬希連・國柏，這位誕生於甲午戰爭那年的波蘭人，究竟為甚麼來到日本？在這塊陌生的遠東土地上做過甚麼？留下甚麼？後來又為甚麼回到波蘭，最終在惡名昭彰的奧斯威辛集中營自願頂替他人進入餓死牢？

這些疑問，伴隨我步上了生平第一次長崎之旅。

從聖母泉遠眺長崎市區。

當年，智慧手機尚未普及，網路環境也不發達，無法依賴導航。雪上加霜的是，我與旅伴都是無可救藥的「路痴」，完全缺乏方向感。因此，我們的旅程幾乎都花在迷路、問路和找路上。那一年，據說是日本氣象觀測史上最炎熱的夏天。師徒倆頂著烈日在本河內（國柏神父創建修道院之處）山頭的偌大墓園裡迷了大半天路，好不容易抵達時早已神勞形瘁，狼狽不堪。不過，或許正因其「得來不易」，感動也格外深刻。造訪本河內的經驗化為我倆初訪長崎最難忘的記憶，金田老師至今還經常提起，對我而言則成了認識聖國柏的契機。

本河內天主堂。

今年（二〇二三）夏天，承蒙徐仲秋總編輯厚愛，得於星火文化出版這部介紹國柏神父生平的小傳。仲秋邀我寫寫當初怎麼注意到這位聖人，也希望刊載兩篇撰寫於當時的拙作充當書籍附錄。我遵囑翻出舊作重讀，看得面紅耳赤。十多年前的文字宛若初生之犢，稚拙而生疏，實在不堪回首。不過話說回來，羞歸羞，拙歸拙，畢竟也是當年的真實記錄，難以取代。所以，我鼓起勇氣將它們附錄於此，還忘讀者海量，休得見笑。

(1) 通往聖母泉的那條路

初稿寫於二〇〇九年四月

「妳說什麼？前面沒路了？」金田老師瞠目結舌地問我。

二〇〇七年夏天，剛領洗的我和繪本學校的好友金田老師相約造訪長崎。不知為何，我倆從在學校起就義氣相投，雖是師生關係卻毫不拘謹，反像從小玩到大的姊妹淘。因此，當我提起想到長崎朝聖時，信仰相異的金田老師竟也興沖沖地說要一起去，並主動包辦了機票住宿等繁雜的預約手續。

後來才知道，我們待在長崎的那三天，正好是當年觀測記錄中最炎熱的時期。毫不知情的我們吐著舌頭，一邊讚嘆九州天氣的熱情如火，一邊差點在豔陽下化為一攤爛泥。吃過午飯後，我相當不明智地提議要去郊區的本河內教堂看聖

通往聖母泉的小徑。

國柏神父的紀念館，對地理位置毫無概念的老師竟也隨和地答應了。於是，一場永無止盡的大迷路就此開始！

兩個初來乍到的土包子買了票、興奮不已地搭上路面電車，搖搖晃晃地抵達終點站「螢茶屋」。下車拍完紀念照後，問題就來了。

「書寧，接下來怎麼走？」

「不知道。」

「呃……沒有地圖嗎？」

「有是有，只是……忘了帶……。」

金田老師不可置信地望著我，頓失語言能力。我只好拿起手機向遠在大阪的先生修一求救：

「喂……啊！你在家？真是太好了！……幫幫忙，我房間的書桌上有一張地圖，上面有本河內教會的位置……嗯……忘了帶……哪有？哪有每次都這樣？

國柏神父的聖母泉。

偶爾而已啦！……好好好……對不起，下次會注意………什麼？……太亂找不到？……怎麼會？……啊？……不只房間、書桌也亂？……好好好……對不起，回去就收……真的會收啦！………對不起……。」

挨了佐藤先生一頓痛罵後，我得意洋洋地對金田老師展示手機上接收到的新地圖。撐著小陽傘站在路邊揮汗如雨的老師雖仍抱持著懷疑的態度，卻也只好無可奈何地跟著我走。只可惜，就算手握地圖，我那天賦異稟的方向感依然卓越地將兩人趕入絕境。我們宛如開疆闢土的先住民，在彎彎曲曲的山坡小徑上闖蕩了老半天。後來，金田老師終於忍不住開口：

「書寧啊……其實我從剛剛就想講了，這條路好像不太對勁。」

「咦？會嗎？……」（『渾然不覺』應該算是我的另一項特殊技能）

「我們已經走了快半個小時。可是……」金田老師很委屈地說：「身旁除了墳墓，還是只有墳墓啊……。」

修士帶著青年在聖母泉祈禱。

聖母泉的伯爾納德與聖母像。

聖母泉的清澈泉水，據說水質與露德聖母泉相同。

泉邊放著用來飲水的長柄勺。

聖國柏神父創立的聖母騎士學園與修道院、聖堂與紀念館自成一區，座落在長崎市東部山坡的頂端。然而有趣的是，除了山頂的「天主教區」外，一整片山坡上卻是密密麻麻的佛教墓園。從遠處看來，兩種信仰和平共處，快快樂樂地分享一座山，倒也是個不尋常的景象。

不過有趣歸有趣，一旦在墓園裡迷路可就不是什麼太叫人開心的事。其實，打從一開始，我們根本就該選擇另一條直通山頂的路。問題是，我那只看目標不看腳下的性格，卻領著無辜的金田老師直闖佛教墓園，走得曲折萬分，竟還暗自欣喜目標越來越近。到最後，兩人終於掙扎到了墓園的最頂端，本河內教會近在眼前……嗯……應該

通往聖母泉的山徑綠意盎然，途中有美麗的玫瑰經奧跡浮雕。

說，「就距離上而言」近在眼前，只不過……隔了一片陡峭的山壁！！！我義憤填膺地四處遊走，想找出隱藏在哪座墳墓後通往山頂的路徑，卻徒勞無功。

「唉……」金田老師看著自己腳下優雅的短跟小涼鞋，默默地嘆了口氣，開始認命地回頭往下走。就那樣，兩隻鬥志全消的喪家之犬，垂頭喪氣地走在剛剛費盡千辛萬苦才爬上來的墳間小徑上……就在二〇〇七年長崎觀測史上最炙熱的那一天、全世界都躲在屋裡避暑的炎炎午後。

等到重新順著正確的「普通道路」，輕易地直通山頂時，我們已經累得彷彿是剛穿越撒哈拉沙漠的脫水駱駝了。相對之下，見到目的地時的歡喜也就驚天動地。進入本河內聖堂後，金田老師義正嚴辭地拒絕了探訪聖母泉的建議，我只好一個人繼續往上爬。

比較起來，通往聖母泉的道路還算清涼，多少有樹蔭遮掩。我順著綿延不絕的階梯往上走，沿途經過五處紅泥刻成的玫瑰經奧蹟浮雕。因此，雖然氣喘吁吁，依然可以感受到小徑上的祈禱氣氛。走了約莫十分鐘後，聖母泉終於出現在最後幾段階梯的頂端。就在我高高興興地加快腳步，試圖一口氣登頂時，這趟旅程中最精彩的部分發生了。

聖コルベ

「啪啦啪啦啪啦！」

一隻亮棕色的貓頭鷹，從聖母泉的山洞口低飛而出。那頭強健美麗的受造物拍著巨大的翅膀，在我眼前劃出一道漂亮且俐落的弧線，就那樣消失在不能再藍的天空中。

本河內教區雖然座落於長崎市郊山頂，倒也稱不上是什麼人煙飄渺的荒郊野外。因為這裡除了住家、教堂與紀念館外，還有聖母騎士的修院、中小學及幼稚園。雖然如此，那頭野生貓頭鷹卻毫無預警地於光天化日的午後出現，而且就在我幾乎伸手可及的地方，大剌剌地貼著地面飛過……。我瞠目結舌地呆佇在原地，因那突如其然的景象震驚得不知該作何反應。那是我有生以來第一次親眼目睹沒有牢籠也沒有腳鍊束縛的貓頭鷹，以最自然美好的方式出現。

回到本河內天主堂時，金田老師竟已在聖堂內的長椅上沉沉睡去，令人莞爾。我將裝滿泉水的小瓶子放在老師身邊，靜靜坐在一旁等候，心中充滿了幾乎炸裂的歡喜音符。

感謝天主，為這段旅程揭開了如此一個不同凡響的序幕！

初稿寫於二〇〇九年五月

⑵聖國柏紀念館裡的一幅畫

聖國柏紀念館位於長崎市郊的本河內山上，是一棟用紅磚堆砌、長得有點像雙層蛋糕的圓形建築。只要繞過那座雙手高舉的亞西西聖方濟銅像，就可以從兩扇敞開的鑄鐵格子門間，窺見裡面的木雕聖母與一幅掛於牆上的大型油畫。這幅長二一八公分、寬衣三八公分的作品，出自波蘭畫家楊・摩爾加之手，畫中的主角則是奧斯威辛集中營的聖者、挺身為近人犧牲生命的聖國柏神父（St. Maximilian Kolbe）。

＊　＊　＊　＊　＊　＊　＊　＊　＊　＊

一八九四年一月七日，雷蒙・國柏出生於波蘭的小村莊，自幼就是叫爸媽傷透腦筋的調皮孩子。有一天，他的母親再也受不了，哀傷地看著他說：「這個孩子將來究竟會變成什麼樣子？」聽了母親的哀嘆，小男孩起身跑進附近的教堂，獨自跪在聖母像前默默祈禱。就在那時，改變男孩一生的事情發生了。他見到聖母媽媽顯現在面前，手中拿著兩頂皇冠，一頂是象徵純潔的白色、另一頂則是象徵殉道的鮮紅。聖母溫柔地問小雷蒙：

「你想要哪一頂呢？」

「我兩頂都要。」

這個毫不思索的回答叫聖母微笑了，她慈祥地看著面前的小男孩，似乎對其抉擇充滿讚許。

後來，小雷蒙進了方濟會，並於一九一八年晉鐸，成了馬希連．國柏神父。他於一九三〇年帶著幾位波蘭修士來到日本，住進長崎大浦天主堂附近的一棟老房子裡。驚人的是，日文一竅不通的他竟然於隔月馬上創刊發行《無玷聖母騎士》月

聖國柏紀念館裡的那幅畫。

本河內天主堂庭院裡的聖國柏雕像。

刊，並於郊區的本河內山上修築了修道院與聖母泉。直到今天，朝聖者的腳步依然絡繹不絕。據說，在國柏神父的會衣口袋中，永遠放著一把聖母顯靈聖牌，好能隨時拿來分贈給初次見面的朋友。就這樣，他以笑咪咪的大鬍子外國神父形象受到日本信友的歡迎與愛戴，在這塊遙遠的東方土地上謙卑地宣講天主福音。

六年後，國柏神父由長崎返回祖國波蘭。

在那之後，第二次世界大戰爆發。波蘭遭德軍占領，國柏神父亦多次被捕，最終被送入以殘酷虐殺聞名的奧斯威辛集中營。後來，震撼世人的「愛的交換」就在那裡發生。

一九四一年七月，集中營內有一名囚犯逃脫。依照營內不講理的連坐法規定，得殺死同房的十名囚犯以資懲罰。惡名昭彰的司令官菲斯克在隊伍前踩著憤怒的步伐，隨手指出十個即將成為犧牲者的條紋衣身影。當時，有一個被強行拖出行列的囚犯失去控制，大聲哭喊：

「啊！我的妻兒們該怎麼辦呢？他們實在太可憐了！」

國柏神父聽見了他的哀嚎，便安安靜靜地走出隊伍，站在司令官面前。那不尋常的舉動讓菲斯克完全驚呆了，他根本顧不得自己向來不與囚犯直接對話的堅持，開口怒斥：

「做什麼？你是誰？這是怎麼一回事？」

「我願意代替那個人死，因為他有妻子也有孩子。我是天主教的神父，沒有結婚。」

司令官緊咬嘴脣，怒視眼前孱弱的身影。令人不敢置信的是，在一陣可怕的沉默後，他竟然下令更改犯人名單。於是，記錄中的某個號碼被一筆勾銷，改寫成16670、也就是國柏神父在集中營內的代號。就這樣，十名囚犯被剝光衣服，在警衛殘酷的訕笑下被丟進「餓死牢」。從被宣判的那一刻起，直到他們生命的終結，再也沒有一滴水或任何食物進到他們口中。

直到那一天為止，奧斯威辛的「餓死牢」中永遠充滿了詛咒、痛哭、哀嚎與本河內天主堂。

絕望的慘叫聲。然而，就連那些嘲笑與等著看好戲的守衛也不得不承認，國柏神父所在的房間截然不同。那裡沒有憤怒、沒有絕望、也沒有哀求，取而代之的，是接連不斷的聖歌與祈禱，那樣的空氣甚至感染了隔壁房間。於是，在一片唱和聲中，人間煉獄成了至聖的祈禱所。

三個星期後，餓死牢中只剩下四名囚犯尚未斷氣；納粹為了更有效率地使用牢房，決意給他們致命一擊。當劊子手拿著針筒走入時，國柏神父已經虛弱得幾乎說不出話來，從顫抖雙脣中吐出的卻依舊是祈禱。他平靜地注視兩名士兵在其他囚友手上注入致死的石炭酸。然後，在輪到自己的時候，主動伸出裸露的左腕。

國柏神父在八月十四日離世，也就是聖母昇天節的前一天。正如紀念館中那幅油畫所記載的，小雷蒙從聖母手中領取了兩頂分別象徵純潔與殉道的榮冠。

* * * * * * * * *

離開紀念館前，一位慈祥的員工老奶奶叫住了我和金田老師。她緩緩地駝著背走了過來，在我們手裡各塞進一塊聖母顯靈聖牌。叫我吃驚的是，雖然金田老師並非教友，卻也高高興興地收下了。微笑的老奶奶一路送我們出了紀念館，還相當親切地站在大太陽底下揮手道別，一直到再也看不見為止。我們兩人順著原路下了山，一路上沒有人說話，心中迴盪著的是那位老奶奶的笑臉，以及當她將聖牌塞到我們手中時，再輕描淡寫不過的一句話：

「國柏神父一向這麼做。」

「請你們只記住瑪利亞。當我死了之後，請將我完全遺忘吧。請你們只記住瑪利亞吧！」（聖馬希連・國柏司鐸）

參考資料：

「替身之愛」小崎登明著／聖母文庫
「奧斯威辛的聖者國柏神父」瑪利亞・薇諾芙絲佳著／岳野慶作譯／聖母文庫

國家圖書館出版品預行編目（CIP）資料

奧斯威辛的花冠：納粹集中營的聖國柏神父小傳 / 許書寧著 . 許書寧繪圖 . 許書寧攝影 – 初版 . --
臺北市：星火文化 , 2023.08
面；　公分 . --（為愛旅行 ; 06）

ISBN 978-626-96843-5-9（平裝）

1.CST：國柏（Kolbe, Maximilian, Saint, 1894-1941）
2.CST：天主教傳記

249.6　　112010126

為愛旅行 006

奧斯威辛的花冠：納粹集中營的聖國柏神父小傳

作　　者　許書寧
繪者、攝影者　許書寧
執行編輯　徐仲秋
封面設計　Neko
內頁排版　Neko
總　編　輯　徐仲秋

出　　版　星火文化有限公司
台北市衡陽路七號八樓

營運統籌　大是文化有限公司
業務・企劃　業務經理／林裕安
業務專員／馬絮盈
業務行銷／李秀蕙
行銷企畫／徐千晴
美術編輯／林彥君
讀者服務專線：（02）2375–7911 分機 122
24 小時讀者服務傳真：（02）2375–6999

法律顧問　永然聯合法律事務所

香港發行　豐達出版發行有限公司 Rich Publishing & Distribution Ltd
香港柴灣永泰道 70 號柴灣工業城第 2 期 1805 室
Unit 1805, Ph. 2, Chai Wan Ind City, 70 Wing Tai Rd,
Chai Wan, Hong Kong
電話：（852）21726513　傳真：（852）21724355
E-mail：cary@subseasy.com.hk

印　　刷　韋懋實業有限公司

2023 年 7 月 31 日 初版　Printed in Taiwan
ISBN 978–626–96843-5-9　定價／ 340 元